गद्य भारती

गद्य भारती

सम्पादिका

डॉ. शारदा एम.

एसोसिएट प्रोफेसर

हिन्दी विभाग

मुल्कि सुन्दर राम शेट्टी कॉलेज, शिर्वा

अध्यक्षा

हिन्दी अध्ययन मण्डली

मंगलूर विश्वविद्यालय, मंगलगंगोत्री, मंगलूर

वाणी प्रकाशन

वाणी प्रकाशन
4695, 21-ए, दरियागंज, नयी दिल्ली 110 002

शाखा

अशोक राजपथ, पटना 800 004

फ़ोन : +91 11 23273167 फ़ैक्स : +91 11 23275710

www.vaniprakashan.in
vaniprakashan@gmail.com

GADYA BHARATI
edited by Dr. Sharada M.

ISBN : 978-93-5072-796-6

प्रथम संस्करण : 2015

मूल्य : ₹ 55.00

हर्ष प्रिंटर्स, दिल्ली-110 093 में मुद्रित

वाणी प्रकाशन का लोगो मक़बूल फ़िदा हुसेन की कूची से

भूमिका

आधुनिक काल के शताब्दियों पूर्व हिन्दी में गद्य लेखन की परम्परा सूक्ष्म रूप में दिखाई पड़ती है। यह सीधे हिन्दी में तो नहीं लेकिन राजस्थानी, ब्रजभाषा और मैथिली खड़ी बोली में उपलब्ध है। आज प्रचलित खड़ी बोली हिन्दी में गद्य का प्रारम्भ 19वीं शताब्दी के दूसरे चरण में प्रारम्भ हुआ। इसमें ईसाई मिशनरियों, कोर्ट विलियम कॉलेज तथा प्रेस, समाचार पत्र-पत्रिकाओं का बड़ा योगदान रहा है। हिन्दी साहित्य इससे पूर्व पद्य में उपलब्ध होता था, किन्तु पश्चिमी ज्ञान-विज्ञान के प्रभाव तक सम्पर्क एवं बदली जीवन परिस्थितियों के कारण हिन्दो साहित्य ने गद्य की विविध विधाओं का रूप ले लिया। कहानी, उपन्यास, नाटक, रिपोर्ताज, संस्मरण, निबन्ध आदि ऐसी ही विधाएँ हैं। आधुनिक काल एक साथ ज्ञान-विज्ञान, साहित्य-संस्कृति व राष्ट्रीय चेतना के विकास का युग है। हिन्दी साहित्य की प्रत्येक विधा का विकास एक जैसी परिस्थितियों में हुआ किन्तु अलग-अलग विभूतियों के व्यक्तित्त्व की छाप इन पर देखने को मिलती है। जैसे कहानी के विकास में प्रेमचन्द एक मानक स्थापित करते हैं तो आलोचना में आचार्य रामचन्द्र शुक्ल। हिन्दी गद्य के विकास को विधाओं के विकासक्रम में देखा–समझा जा सकता है।

हिन्दी कहानी

हिन्दी कहानी को चार कालों या युगों में बाँटकर देखा जाता है। चूँकि प्रेमचन्द हिन्दी कहानी में युगीन मानदण्ड हुए अतः प्रेमचन्द को ही आधार बनाया गया। यथा–प्रेमचन्द पूर्व, प्रेमचन्द युग, प्रेमचन्दोत्तर युग, नयी कहानी, समकालीन कहानी आदि।

प्रेमचन्द पूर्व हिन्दी कहानी वैसी नहीं थी। भाव और भाषा के स्तर पर हिन्दी कहानी में युगीन परिवर्तन हुए हैं। हिन्दी की पहली कहानी में विवाद है। इंशाअल्ला खां की 'रानी केतकी की कहानी (1903) को प्रथम कहानी माना जाता है। किशोरी लाल गोस्वामी की 'इन्दुमती' (1900) को भी माना जाता है। इसी कड़ी में गुलबहार (1902) किशोरीलाल गोस्वामी, मास्टर भगवान दास की 'प्लेग की चुड़ैल' (1902), रामचन्द्र शुक्ल की 'ग्यारह वर्ष का समय' (1903), गिरिजादत्त वाजपेयी की 'पंडित और पंडितानी' (1903) तथा बंग महिला (राजेन्द्र

बाला घोष) की 'दुलाई वाली' (1907) आदि प्रेमचन्द पूर्व हिन्दी कहानी की प्रारम्भिक कहानियाँ हैं। इनके अतिरिक्त बालकृष्ण भट्ट की 'सौ अजान एक सुजान', 'राधाचरण गोस्वामी की 'यमलोक की यात्रा', श्रद्धाराम फुल्लोरी की 'भाग्यवती' श्रेष्ठ कहानियाँ मानी जाती हैं। सन् 1900 के बाद 'सरस्वती' पत्रिका ने निबन्ध व कहानी के विकास में बड़ा योगदान दिया। समाज में व्याप्त राजनैतिक, राष्ट्रीय, सांस्कृतिक, सुधारवादी चेतना का निर्वाह इस युग की कहानियों में हुआ है। इसी दौर में जयशंकर प्रसाद, प्रेमचन्द, वृन्दावनलाल वर्मा, इलाचन्द्र जोशी भी लिख रहे थे। इसी दौर में चन्द्रधर शर्मा गुलेरी की 'उसने कहा था' (1915) मील का पत्थर साबित हुई। उनकी 'सुखमय जीवन', 'बुद्धू का काँटा' भी खासी महत्त्वपूर्ण रही हैं। समाज सुधार और आदर्श व्यवहार इस युग की कहानी की मूल चेतना रही।

प्रेमचन्द युग (1903-1936) : प्रेमचन्द इस काल खण्ड के सबसे सशक्त हस्ताक्षर हैं। प्रेमचन्द ने लगभग 350 कहानियाँ लिखीं। अब तक चली आ रही सुधार एवं आदर्श-मूलक कहानी को प्रेमचन्द ने यथार्थ का पुट दिया। पूस की रात, कफ़न, सद्गति, ईदगाह, सवा सेर गेहूँ, मंत्र, ठाकुर का कुआ आदि प्रसिद्ध कहानियाँ हैं। जयशंकर प्रसाद इस युग के अन्य बड़े कथाकार थे। प्रसाद जी की प्रतिध्वनि, आकाशदीप, ममता, आँधी, इन्द्रजाल, पुरस्कार आदि महत्त्वपूर्ण कहानियाँ हैं। इस युग के अन्य कहानीकारों में विश्वम्भरनाथ शर्मा कौशिक (ताई), जैनेन्द्र कुमार (पाजेब, जाह्नवी, मास्टर जी, अपना-अपना भाग्य), भगवती चरण वर्मा (दो बाँके, खिलते फूल), उपेन्द्रनाथ अश्क (मेरी मंगेतर, डायरी, चारा काटने की मशीन, कांगड़ा का तेली, पिंजरा), आचार्य चतुरसेन शास्त्री (दुखवा मैं कासे कहूँ सजनी), अज्ञेय (रोज़, गैंग्रीन, त्रिपथगा, शत्रु, कोठरी की बात, शरणागत परम्परा), विष्णु प्रभाकर, यशपाल, राहुल सांकृत्यायन आदि इस युग में हिन्दी कहानी को समृद्ध कर रहे थे। इस युग की कहानियों में गाँधीवादी चेतना, तत्कालीन राजनैतिक, सामाजिक आन्दोलनों की झलक मिलती है। पश्चिम तथा यूरोप के प्रभावस्वरूप मार्क्सवाद तथा जनवादी चिन्तन का प्रभाव भी दिखाई देने लगा था। नये बनते विचारों तथा मूल्यों का दर्शन इस दौर की कहानी में होने लगा था।

प्रेमचन्दोत्तर युग प्रेमचन्द के युग में ही मार्क्सवादी, प्रगतिवादी तथा मनोवैज्ञानिक चेतना ने समाज व साहित्य को प्रभावित कर लिया था। परवर्ती कहानी उक्त चेतना की बानगी पेश करने लगी थी। सामाजिकता में व्यक्तिवाद की प्रतिष्ठा हो गयी थी। जैनेन्द्र, अज्ञेय, इलाचन्द्र जोशी, यशपाल, रांगेय राघव, अमृतलाल नागर, चन्द्र किरण सौनरिक्सा तथा भैरव प्रसाद गुप्त इत्यादि कहानीकार युगीन परिवर्तनों को कहानी में प्रस्तुत कर रहे थे। इस युग की कहानियों में गहन सामाजिक यथार्थ की अभिव्यक्ति, यथास्थितिवाद का विरोध, मनोविज्ञान प्रधान

चरित्र-चित्रण मिलता है।

नयी कहानी : स्वतन्त्रता के बाद राजनैतिक, सामाजिक, सांस्कृतिक एवं भाषिक मूल्य बदल गये। नयी कहानी इन बदली परिस्थितियों में व्यक्ति और समाज को दिखाती है। स्वतन्त्रता को लेकर देखे गये स्वप्न और उनके बिखराव की बानगी नयी कहानी में मिलती है। मानव मूल्यों को लेकर वैचारिक संघर्ष जारी था जिसकी रचनात्मक अभिव्यक्ति नयी कहानी में हो रही थी। इन कहानियों में व्यक्तिवादी और समाजवादी प्रवृत्तियाँ मुखर हो उठीं। स्वप्नभंग, कुंठा, भय, संत्रास, यौन भावना, क्षणवाद, घुटन, असंतोष जैसी वृत्तियाँ इन कहानियों में उभरकर आयीं। इस युग के कहानीकारों में अमृतराय, भीष्म साहनी, अमरकान्त, राजकमल चौधरी, राजेन्द्र यादव मन्नू भंडारी, धर्मवीर भारती, मोहन राकेश, मार्कण्डेय, जैनेन्द्र, अज्ञेय, यशपाल, रेणु निर्मल वर्मा, उषा प्रियंवदा, कमलेश्वर और शिवप्रसाद सिंह जैसे सशक्त हस्ताक्षर लेखनरत थे।

कालान्तर में अकहानी, समान्तर कहानी, सचेतन कहानी आदि अनेक कहानी आन्दोलन अस्तित्व में आये किन्तु प्रवृत्ति अथवा व्यक्ति विशेष के आधार पर उनका नामकरण नहीं किया जा सकता। बाद के कहानीकारों में ज्ञानरंजन, गिरिराज किशोर, दूधनाथ सिंह, कामता प्रसाद, महेन्द्र भल्ला, रवीन्द्र कालिया, मधुकर सिंह, महीपाल सिंह, रमेश उपाध्याय, गोविन्द मिश्र, सुदर्शन, मृदुला गर्ग, मृणाल पाण्डे, पंकज बिष्ट, राजी सेठ, सूर्यबाला आदि अनेक लेखकों का नाम प्रमुखता से गिनाया जा सकता है।

व्यंग्य

ज्यादातर 'हास्य' और 'व्यंग्य' शब्दों का प्रयोग एक साथ किया जाता है, यथा 'हास्य व्यंग्य'। किन्तु हास्य तथा व्यंग्य में अन्तर होता है। हास्य में जहाँ सीधे-सीधे हँसी पैदा करने पर जोर होता है वहीं व्यंग्य में 'विचार' या 'सोच' पैदा किया जाता है। हास्य जीवन की सहज स्थितियों में आनन्द, उल्लास तथा परिहास खोजने के उपक्रम में किया जाता है वहीं व्यंग्य जीवन की विडम्बनाओं, विद्रूपषताओं तथा असंगतियों से उपजता है। हास्य में हम किसी को आहत किये बिना मनोरंजन के लिए हँसते हैं जबकि व्यंग्य के दौरान एक गहन आत्मविश्लेषण की सी अवस्था हो जाती है। किसी इष्ट मित्र अथवा सम्बन्धी के रपट, फिसलने को लेकर हँसा जा सकता है। लेकिन भ्रष्टाचार की रपटन पर बार-बार फिसलते देश पर चिंतन ही किया जा सकता है अपनी भूमिका पर विचार किया जा सकता है। हास्य यदि अभिधा पर आधीरित है तो व्यंग्य व्यंजना पर।

अंग्रेजी के 'सैटायर' शब्द से भी व्यंग्य की उत्पत्ति मानी जाती है। सिद्ध साहित्य में भी व्यंग्योक्तियाँ मिलती हैं। हालाँकि व्यंग्य गीतों लोकगीतों में पहले से ही मौजूद रहा है। जो लोक संस्कृति से निकला है। अली मुहिब खाँ कृत

'खटमल बाईसी' को प्रारम्भिक व्यंग्यात्मक माना जाता है। बेनी कवि में 'भडौवे' लिखे हैं। भारतेन्दु ने बड़े स्तर पर व्यंग्य लिखा। तत्कालीन समाज तथा राजनैतिक व्यवस्था पर व्यंग्यात्मक टिप्पणियाँ तथा लेख भारतेन्दु मंडल के लेखकों ने लिखे। बालमुकुन्द गुप्त कृत 'शिवशम्भु के चिट्ठे' को हिन्दी का प्रारम्भिक तथा श्रेष्ठ व्यंग्य कहा जा सकता है। इनके अतिरिक्त बाबू गुलाबराय (ठलुआ क्लब, डॉक्टर साहब, मेरे ना पिताचार्य, जगन्नाथ प्रसाद चतुर्वेदी, चन्द्रधर शर्मा गुलेरी, विश्वम्भर शर्मा कौशिक, बेढ़ब बनारसी, जी. पी. श्रीवास्तव, पांडेय बेचन शर्मा उग्र आदि प्रमुख व्यंग्यकार रहे हैं। बाद के व्यंग्यकारों में हरिशंकर परसाई, शरद जोशी, तथा श्रीलाल शुक्ल का बेहद महत्त्वपूर्ण स्थान है। आज हरीश नवल, विवेकीराय, अशोक चक्रधर, आलोक पुराणिक, तथा हरि जोशी, बरसाने लाल चतुर्वेदी, रमेश बख्शी अच्छे व्यंग्य लिख रहे हैं। प्रेम जन मे जय तो 'व्यंग्य यात्रा' नामक व्यंग्य आधारित पत्रिका का संपादन ही कर रहे हैं। सार रूप में कहा जा सकता है कि व्यंग्य आज वैचारिक प्रवाह की एक सशक्त विधा के रूप में स्थापित है। बहुत बार गहन गम्भीर लेख या निबन्ध भी वह असर नहीं कर पाता जो एक व्यंग्य कर देता है। हरिशंकर परसाई कृत 'भोलाराम का जीव' तथा श्रीलाल के 'रागदरबारी' को कौन भूल सकता है जो हिन्दी साहित्य में व्यंग्य के मानक हैं।

आत्मकथा तथा जीवनी

अंग्रेजी के शब्दों 'बायोग्राफी' तथा 'आटोबायोग्राफी' से जीवनी तथा 'आत्मकथा' शब्दों की रचना की गयी है। आत्मकथा में जहाँ लेखक स्वयं को केन्द्र में रखता है। जीवनी में लेखक किसी अन्य व्यक्ति तथा उसके जीवन को केन्द्र में रखता है। थोड़ा अन्तर होते हुए भी एक समानता है कि इनके लेखन में बिना किसी पूर्वाग्रह के तटस्थ भाव आवश्यक है। ईमानदारी दोनों में जरूरी है। तथ्यों और वास्तविकता की अनदेखी न हो। किसी की जीवनी लिखने से ज्यादा आत्मकथा तलवार की धार में चलने जैसा कठिन होता है। जीवनी में कलात्मकता तथा प्रस्तुतीकरण महत्त्वपूर्ण होता है तो आत्मकथा साफगोई व सत्यनिष्ठा।

जीवनी : हिन्दी में भारतेन्दु युग से जीवनी लेखन मिलने लगता है। स्वयंभार भारतेन्दु हरिश्चन्द्र ने देशी-विदेशी महान विभूतियों का जीवनी साहित्य रचा, जैसे : विक्रम, कालिदास, रामनुजाचार्य, शंकर, जयदेव, पुष्पदन्त, वल्लभाचार्य, सुकरात नेपोलियन, लार्ड मेयो, लॉर्ड लारेंस, ज़ार (रूस) आदि।

कार्त्तिक प्रसाद खत्री कृत 'मीराबाई का जीवनचरित', विष्णु प्रभाकर द्वारा शरतचन्द्र की जीवनी 'आवारा मसीहा', मदन गोपाल व अमृतराय ने प्रेमचन्द की जीवनी लिखी, फणीश्वरनाथ रेणु ने जवाहर लाल नेहरू की जीवनी लिखी। कमला सांकृत्यायन ने 'महामानव महापंडित राहुल सांकृत्यायन' शीर्षक से राहुल सांकृत्यायन की जीवनी लिखी। 'महात्मा ज्योतिबा फुले' पर डॉ. प्र. वा. शाहकृत

ने लिखा। सच्चिदानन्द हीरानन्द वात्स्यायन 'अज्ञेय' की जीवनी 'शिखर से सागर तक' रामकमल राय नें लिखी, 'अमिताभ आख्यान' पुष्पा भारती ने लिखी। स्वामी दयानन्द (मोहन राकेश) इनके अतिरिक्त कैलाशचन्द्र जैन, जहूरबक्श, प्रेमचन्द महेश, राजमल बोरा तथा विद्यानिवास मिश्र प्रमुख जीवनी लेखक हुए हैं।

आत्मकथा : हिन्दी की महत्त्वपूर्ण आत्मकथाओं में महात्मा गाँधी की 'सत्य के साथ मेरे प्रयोग' एक महत्त्वपूर्ण तथा मानक कृति है। इसी प्रकार किरण बेदी की मोर्चा दर मोर्चा, तथा 'यह सम्भव है', श्यामसुन्दरदास की 'मेरी आत्मकहानी,' राष्ट्रपति राजेन्द्र प्रसाद की 'आत्मकथा', राहुल सांकृत्यापन की मेरी जीवन यात्रा, तथा 'सिंहावलोकन', यशपाल की 'प्रवासी की आत्मकथा', वियोगी हरि की 'हंस', जवाहर लाल नेहरू की 'मेरी कहानी, अम्बिकादत्त व्यास की 'निज वृतान्त', 'कुछ आप बीती कुछ जग बीती' (भारतेन्दु हरिश्चन्द्र), हंसराज रहबर की 'मेरे सात जन्म' (चार भाग), महेश भट्ट की 'अब मैं कौन हूँ', 'मेरे बचपन के दिन-तसलीमा नसरीन, सुनहरे पल' रवीन्द्र जैन, 'आत्मकथा'—डॉ. कर्णसिंह, 'क्या भूलू क्या याद करूँ'—हरिवंश राय बच्चन आदि।

सार रूप में कहा जा सकता है कि भाव प्रवण शैली तथा सत्यनिष्ठा से लिखी जीवनी और आत्मकथाएँ न केवल समाज की वरन साहित्य की भी उपलब्धि होती है।

लेख व भाषण आदि : आज ज्ञान-विज्ञान के प्रभाव तथा फेसबुक, सोशल मीडिया आदि के बढ़ते प्रसार-प्रचार से हिन्दी गद्य काफी आगे निकल गया है। आज सामाजिक, राजनैतिक, ज्ञान-विज्ञान तथा विविध विषयों पर लेख, भाषण सम्बोधन आदि उपलब्ध हैं। इनका वर्गीकरण तथा विकास बाद में लिखा जायेगा। फिलहाल इतना ही कहा जा सकता है कि हिन्दी गद्य आज प्रौढ़ से प्रौढ़तर तथा विशाल से विशालतर होता जा रहा है।

दो बातें

अहिन्दी भाषा-भाषियों को ध्यान में रखकर प्रस्तुत संकलन में कुछ गद्य के विविध प्रकारों का समावेश किया गया है। इसमें विविधता का ध्यान रखा गया है।

इन रचनाओं का चुनाव किसी भी रूप में सरल या आसान कार्य नहीं है। मैं यह दावा तो नहीं करती कि यह अपने आप में पूर्ण और सफल है। इस दिशा में यह एक प्रयास है।

मैं उन रचनाकारों के प्रति विनम्रता से अपनी कृतज्ञता प्रकट करती हूँ, जिनकी बहुमूल्य रचनाएँ प्रस्तुत संकलन में संकलित हैं। हिन्दी अध्ययन मंडली, मंगलूर विश्वविद्यालय के सहयोग के लिए और वाणी प्रकाशन के प्रति कृतज्ञता ज्ञापित करती हूँ।

–शारदा एम.

अनुक्रम

भाग एक

कहानियाँ

भाग दो

गद्य के प्रकार

(क)

(ख)

सच्चिदानन्द हीरानन्द वात्स्यायन 'अज्ञेय'

अज्ञेय जी का सम्पूर्ण नाम सच्चिदानन्द हीरानन्द वात्स्यायन है। उनका काव्यनाम अज्ञेय है। वे प्रयोगवाद के जन्मदाता हैं। उनका जन्म उ.प्र. के कसिया (गोरखपुर) में 1911 को और मृत्यु 1987 में हुई। वे तारसप्तक के सम्पादन रहे। युवावस्था में एम.ए. करते समय क्रान्तिकारियों के दल से जुड़ गए और पकड़े गए।

कहानी संग्रह—जयदोल, ये तेरे प्रतिरूप।

काव्य संग्रह—चिंता, इत्यलम्, हरीघास पर क्षण भर, इन्द्रधनुष रौंदे हुए अरी ओ करुणा प्रभामय, आँगन के पार द्वार (साहित्य अकादमी पुरस्कार)।

उपन्यास—शेखर एक जीवनी, अपने अपने अजनबी आदि।

X X X

'गैंग्रीन' यह मध्यवर्गीय मानसिकता से सम्बन्धित मनोवैज्ञानिक कहानी है जिसमें विशिष्ट परिस्थितियों में जीने वाली स्त्री की नीरसता, यांत्रिकता तथा घुटन चित्रित है। 'मैं' शैली में लिखी गई इस कहानी में मालती दूर के रिश्ते की बहन कम सखी ज्यादा है उसके विवाह के चार साल बाद जब लेखक उससे मिलने जाते हैं तब उनकी भेंट में कोई उत्साह दिखाई नहीं देता। मालती का पति पहाड़ी गाँव में डॉक्टर है जो अधिकतर गैंग्रीन के ऑपरेशन करता है। उस परिवेश से मालती को समाधान नहीं है। लेखक को ऐसा लगता है जैसे पुरेघर को किसी छाया ने ग्रसित किया है। शरीर के किसी हिस्से को गैंग्रीन हो जाय जो उस हिस्से को काटकर जीवन जिया जा सकता है पर जीवन को अगर गैंग्रीन हो जाय तो कैसे जिये? डॉक्टर मालती के इस गैंग्रीन का इलाज कर सकेंगे? कहानी सोचने पर बाध्य करती है।

गैंग्रीन

दोपहर में उस घर के सूने आँगन में पैर रखते ही मुझे ऐसा जान पड़ा, मानो उस पर किसी शाप की छाया मँडरा रही हो, उसके वातावरण में कुछ ऐसा अकथ्य, अस्पृश्य, किन्तु फिर भी बोझिल और प्रकम्पमय और घना-सा फैल रहा था....

मेरी आहट सुनते ही मालती बाहर निकली। मुझे देखकर, पहचानकर उसकी मुरझाई हुई मुख-मुद्रा तनिक से मीठे विस्मय से जगी-सी और फिर पूर्ववत् हो गई। उसने कहा, "आ जाओ।" और बिना उत्तर की प्रतीक्षा किए भीतर की ओर चली। मैं भी उसके पीछे हो लिया।

भीतर पहुँचकर मैंने पूछा, "वे यहाँ नहीं हैं?"

"अभी आए नहीं, दफ्तर में हैं। थोड़ी देर में आ जाएँगे। कोई डेढ़-दो बजे आया करते हैं।"

"कब के गए हुए हैं?"

"सबेरे उठते ही चले जाते हैं।"

मैं 'हूँ' कहकर पूछने को हुआ, 'और तुम इतनी देर क्या करती हो?' पर फिर सोचा, आते ही एकाएक यह प्रश्न ठीक नहीं है। मैं कमरे के चारों ओर देखने लगा।

मालती एक पंखा उठा लाई, और मुझे हवा करने लगी। मैंने आपत्ति करते हुए कहा, "नहीं, मुझे नहीं चाहिए, नहीं चाहिए।" पर वह नहीं मानी, बोली, "वाह! चाहिए कैसे नहीं? इतनी धूप में आए हो। यहाँ तो...."

मैंने कहा, "अच्छा, लाओ, मुझे दे दो।"

वह शायद 'ना' करनेवाली थी, पर तभी दूसरे कमरे से शिशु के रोने की आवाज सुनकर उसने चुपचाप पंखा मुझे दे दिया और घुटनों पर हाथ टेककर एक थकी हुई, 'हुँह' करके उठी और भीतर चली गई।

मैं उसके जाते हुए दुबले शरीर को देखकर सोचता रहा—यह क्या है....यह कैसी छाया-सी इस घर में छाई हुई है....

मालती मेरी दूर के रिश्ते की बहन है, किन्तु उसे सखी कहना ही उचित है, क्योंकि हमारा परम्परागत सम्बन्ध सख्य का ही रहा है। हम बचपन से इकट्ठे खेले

हैं इकट्ठे लड़े और पिटे हैं, और हमारी पढ़ाई भी बहुत-सी इकट्ठे ही हुई थी। और हमारे व्यवहार में सदा सख्य की स्वेच्छा और स्वच्छन्दता रही है, वह कभी भ्रातृत्व के, या बड़े-छोटेपन के बन्धनों में नहीं घिरा....

मैं आज कोई चार वर्ष बाद उसे देखने आया हूँ। जब मैंने उसे इससे पूर्व देखा था, तब वह लड़की ही थी। अब वह विवाहिता है, एक बच्चे की माँ भी है। इससे कोई परिवर्तन उसमें आया होगा और यदि आया होगा तो क्या, मैंने अभी तक सोचा नहीं था; किन्तु अब उसकी पीठ की ओर देखता हुआ मैं सोच रहा था, यह कैसी छाया इस घर पर छाई हुई है....और विशेषतया मालती पर....

मालती बच्चे को लेकर लौट आई और फिर मुझसे कुछ दूर नीचे बिछी हुई दरी पर बैठ गई। मैंने अपनी कुर्सी घुमाकर कुछ उसकी ओर उन्मुख होकर पूछा "इसका नाम क्या है?"

मालती ने बच्चे की ओर देखते हुए उत्तर दिया, "नाम तो कोई निश्चित नहीं किया, वैसे टिटी कहते हैं।"

मैंने उसे बुलाया, "टिटी! टिटी! आ जा!" पर वह अपनी बड़ी-बड़ी आँखों से मेरी ओर देखता हुआ अपनी माँ से चिपट गया, और रुआँसा-सा होकर कहने लगा, "उहूँ- उहूँ-ऊँ...."

मालती ने फिर उसकी ओर एक नजर देखा, और फिर बाहर आँगन की ओर देखने लगी....

काफी देर मौन रहा। थोड़ी देर तक तो मौन आकस्मिक ही था, जिसमें मैं प्रतीक्षा में था कि मालती कुछ पूछे; किन्तु उसके बाद एकाएक मुझे ध्यान हुआ, मालती ने कोई बात ही नहीं की—यह भी नहीं पूछा कि मैं कैसे हूँ, कैसे आया हूँ—चुप बैठी है, क्या विवाह के दो वर्ष में ही वह बीते दिन भूल गई? या अब मुझे दूर—इस विशेष अन्तर पर—रखना चाहती है? क्योंकि वह निर्बाध स्वच्छन्दता अब तो नहीं हो सकती ....पर फिर भी, ऐसा मौन, जैसा अजनबी से भी नहीं होना चाहिए....

मैंने कुछ खिन्न-सा होकर, दूसरी ओर देखते हुए कहा, "जान पड़ता है तुम्हें मेरे आने से विशेष प्रसन्नता नहीं हुई।"

उसने एकाएक चौंककर कहा, "हूँ?"

यह 'हूँ' प्रश्नसूचक था, किन्तु इसलिए नहीं कि मालती ने मेरी बात सुनी नहीं थी, केवल विस्मय के कारण। इसीलिए मैंने बात दोहराई नहीं, चुप बैठ रहा। मालती कुछ बोली ही नहीं, तब थोड़ी देर बाद मैंने उसकी ओर देखा। वह एकटक मेरी ओर देख रही थी, किन्तु मेरे उधर उन्मुख होते ही उसने आँखें नीची कर लीं। फिर भी मैंने देखा—उन आँखों में कुछ विचित्र-सा था, मानो मालती के भीतर कहीं कुछ चेष्टा कर रहा हो, किसी बीती हुई बाद को याद करने की, किसी बिखरे हुए वायुमण्डल को पुनः जगाकर गतिमान करने की, किसी टूटे हुए व्यवहार-तन्तु को

पुनरुज्जीवित करने की और चेष्टा में सफल न हो रहा हो....वैसे जैसे बहुत देर से प्रयोग में न लाया हुआ अंग कोई व्यक्ति एकाएक उठाने लगे और पाए कि वह उठता नहीं है, चिरविस्मृति में मानों मर गया है, उतने क्षीण बल से (यद्यपि वह सारा प्राप्य बल है) नहीं उठ सकता....मुझे ऐसा जान पड़ा, मानों किसी जीवित प्राणी के गले में किसी मृत जन्तु का तौक डाल दिया गया हो, वह उसे उतारकर फेंकना चाहे, पर उतार न पाए....

तभी किसी ने द्वार खटखटाए। मैंने मालती की ओर देखा, पर वह हिली नहीं। जब किवाड़ दूसरी बार खटखटाए गए, तब वह शिशु को अलग करके उठी और किवाड़ खोलने गई।

वे, यानी मालती के पति आए। मैंने उन्हें पहली ही बार देखा था यद्यपि फोटो से उन्हें पहचानता था। परिचय हुआ। मालती खाना तैयार करने आँगन में चली गई, और हम दोनों भीतर बैठकर बातचीत करने लगे—उनकी नौकरी के बारे में, उनके जीवन के बारे में, उस स्थान के बारे में, आबोहवा के बारे में और ऐसे अन्य विषयों के बारे में, जो पहले परिचय पर उठा करते हैं, एक तरह का स्वरक्षात्मक कवच बनकर....

मालती के पति का नाम है महेश्वर। वे एक पहाड़ी गाँव में सरकारी डिस्पेंसरी के डाक्टर हैं। उसी हैसियत से इस क्वार्टर में रहते हैं। प्रातःकाल सात बजे डिस्पेंसरी चले जाते हैं और डेढ़ या दो बजे लौटते हैं। उसके बाद दोपहर-भर छुट्टी रहती है, केवल शाम को एक-दो घण्टे चक्कर लगाने के लिए चले जाते हैं, डिस्पेंसरी के साथ के छोटे से अस्पताल में पड़े रोगियों को देखने और अन्य जरूरी हिदायतें करने—उनका जीवन भी बिल्कुल एक निर्दिष्ट ढर्रे पर चलता है। नित्य वही काम, उसी प्रकार के मरीज, वही हिदायत, वही नुस्खे, वही दवाइयाँ....वह स्वयं उकताए हुए हैं, और इसलिए और साथ ही इस भयंकर गर्मी के कारण वे अपने फुरसत के समय में भी सुस्त ही रहते हैं....

मालती हम दोनों के लिए खाना ले आई। मैंने पूछा, "तुम नहीं खाओगी? या खा चुकी?"

महेश्वर बोले, कुछ हँसकर, "वह पीछे खाया करती है...।"

पति ढाई बजे खाना खाने आते हैं, इसलिए पत्नी तीन बजे तक भूखी बैठी रहेगी!

महेश्वर खाना आरम्भ करते हुए मेरी ओर देखकर बोले, "आपको तो खाने का मजा ही क्या आएगा, ऐसे बेवक्त खा रहे हैं!"

मैंने उत्तर दिया, "वाह! देर से खाने पर तो और भी अच्छा लगता है—भूख बढ़ी हुई होती है। पर शायद मालती बहन को कष्ट होगा...."

मालती टोककर बोली, "उहूँ, मेरे लिए तो यह नई बात नहीं है—रोज ही ऐसा

होता हैं...."

मालती बच्चे को गोद में लिए हुए थी। बच्चा रो रहा था; पर उसकी ओर कोई भी ध्यान नहीं दे रहा था।

मैंने कहा, "यह रोता क्यों है?"

मालती बोली, "हो ही गया है चिड़चिड़ा-सा, हमेशा ही ऐसा रहता है।" फिर बच्चे को डाँटकर कहा, "चुप कर!" जिसे वह और भी रोने लगा। मालती ने भूमि पर बैठा दिया और बोली, "अच्छा ले, रो ले!" और रोटी लेने आँगन की ओर चली गई।

जब हमने भोजन समाप्त किया, तीन बजनेवाले थे। महेश्वर ने बताया कि उन्हें आज जल्दी अस्पताल जाना है, वहाँ एक-दो चिन्ताजनक केस आए हुए हैं, जिनका ऑपरेशन करना पड़ेगा—दो की शायद टाँगें काटनी पड़ें, गैंग्रीन हो गया है—थोड़ी ही देर में वह चले गए। मालती किवाड़ बन्द कर आई और मेरे पास बैठने ही लगी थी कि मैंने कहा, "अब खाना तो खा लो, मैं उतनी देर टिटी से खेलता हूँ।"

वह बोली, "खा लूँगी, मेरे खाने की कौन बात है।" किन्तु चली गई। मैं टिटी को हाथ में लेकर झुलाने लगा, जिससे वह कुछ देर के लिए शान्त हो गया।

दूर—शायद अस्पताल में ही, तीन खड़के। एकाएक मैं चौंका। मैंने सुना, मालती वहीं आँगन में बैठी, अपने-आप ही, एक लम्बी-सी, थकी हुई साँस के साथ कह रही है—'तीन बज गए....' मानो बड़ी तपस्या के बाद कोई कार्य सम्पन्न हो गया हो....

थोड़ी ही देर में मालती फिर आ गई। मैंने पूछा, "तुम्हारे लिए कुछ बचा भी था? सब कुछ तो...."

"बहुत था।"

"हाँ बहुत था। भाजी तो सारी मैं ही खा गया था, वहाँ बचा कुछ होगा नहीं, यों ही रोब तो न जमाओ कि बहुत था!" मैंने हँसकर कहा।

मालती मानो किसी और विषय की नात कहती हुई बोली, "यहाँ सब्जी-वब्जी तो कुछ होती नहीं, कोई आ जाता है, तो नीचे से मँगा लेते हैं। मुझे आए पन्द्रह दिन हुए हैं, जो सब्जी साथ लाए थे, वही अभी बरती जा रही है...."

मैंने पूछा, "नौकर कोई नहीं है?"

"कोई ठीक मिला नहीं, शायद दो-एक दिन में हो जाए।"

"बर्तन भी तुम्हीं माँजती हो?"

"और कौन?" कहकर मालती क्षण-भर आँगन में जाकर लौट आई।

मैंने पूछा, "कहाँ गई थीं?"

"आज पानी ही नहीं हैं, बर्तन कैसे मँजेंगे।"

"क्यों, पानी को क्या हुआ।"

"रोज ही होता है—कभी वक्त पर आता नहीं। आज शाम को सात बजे आएगा, तब बर्तन मँजेंगे।"

"चलो, तुम्हें सात बजे तक छुट्टी तो हुई।"—कहते हुए मैं मन-ही-मन सोचने लगा, 'अब इसे रात के ग्यारह बजे तक काम करना पड़ेगा, छुट्टी क्या खाक हुई!'

यही उसने कहा। मेरे पास कोई उत्तर नहीं था; पर मेरी सहायता टिटी ने की, एकाएक फिर रोने लगा और मालती के पास जाने की चेष्टा करने लगा। मैंने उसे दे दिया।

थोड़ी देर फिर मौन रहा। मैंने जेब से अपनी नोटबुक निकाली, और पिछले दिनों के लिखे हुए नोट देखने लगा। तब मालती को याद आया कि उसने मेरे आने का कारण तो पूछा नहीं और बोली, "यहाँ आए कैसे?"

मैंने कहा ही तो, "अच्छा, अब याद आया? तुमसे मिलने आया था, और क्या करने?"

"तो दो-एक दिन रहोगे न?"

"नहीं, कल चला जाऊँगा, जरूरी जाना है।"

मालती कुछ नहीं बोली, कुछ खिन्न-सी हो गई। मैं फिर नोटबुक की तरफ देखने लगा।

थोड़ी देर बाद मुझे भी ध्यान हुआ, मैं आया तो हूँ मालती से मिलने, किन्तु यहाँ वह बात करने को बैठी है और मैं पढ़ रहा हूँ। पर बात भी क्या की जाए? मुझे ऐसा लग रहा था कि इस घर पर जो छाया घिरी हुई है, वह अज्ञात रहकर भी मानो मुझे भी वश कर रही है, मैं भी वैसा ही नीरस, निर्जीव-सा हो रहा हूँ, जैसे-जैसे-हाँ, जैसे यह घर, जैसे मालती....

मैंने पूछा, "तुम कुछ पढ़ती-लिखती नहीं?" मैं चारों ओर देखने लगा कि कहीं किताबें दीख पड़ें।

"यहाँ?" कहकर मालती थोड़ा-सा हँस दी। वह हँसी कर रही थी, "यहाँ पढ़ने को है क्या?"

मैंने कहा, "अच्छा, मैं वापस जाकर जरूर कुछ पुस्तकें भेजूँगा...." और वार्तालाप फिर समाप्त हो गया....

थोड़ी देर बाद मालती ने फिर पूछा, "आए कैसे हो, लारी में?"

"पैदल।"

"इतनी दूर? बड़ी हिम्मत की!"

"आखिर तुमसे मिलने आया हूँ।"

"ऐसे ही आए हो?"

"नहीं, कुली पीछे आ रहा है, सामान लेकर। मैंने सोचा, बिस्तरा ले ही चलूँ।"

"अच्छा किया, यहाँ तो बस...." कहकर मालती चुप रह गई। फिर बोली, "तब तुम थके होगे, लेट जाओ।"

"नहीं, बिल्कुल नहीं थका।"

"रहने भी दो, थके नहीं हैं। भला थके हैं?"

"और तुम क्या करोगी?"

"मैं बर्तन माँज रखती हूँ, पानी आएगा तो धुल जाएँगे!"

मैंने कहा, "वाह!" क्योंकि और कोई बात मुझे सूझी नहीं....

थोड़ी देर में मालती उठी और चली गई, टिटी को साथ लेकर। तब मैं भी लेट गया और छत की ओर देखने लगा, और सोचने लगा....मेरे विचारों के साथ आँगन से आती हुई बर्तनों के घिसने की खन-खन ध्वनि मिलकर एक विचित्र एकस्वरता उत्पन्न करने लगी, जसके कारण मेरे अंग धीरे-धीरे ढीले पड़ने लगे, मैं ऊँघने लगा...

एकाएक वह एकस्वरता टूट गई—मौन हो गया। इससे मेरी तन्द्रा भी टूटी, मैं उस मौन में सुनने लगा।

चार खड़क रहे थे और इसी का पहला घण्टा सुनकर मालती रुक गई थी।

वही तीन बजे वाली बात मैंने फिर देखी, अबकी और बार से भी उग्र रूप में। मैंने सुना, मालती एक बिल्कुल अनैच्छिक, अनुभूतिहीन, नीरस, यन्त्रवत्—वह भी थके हुए यन्त्र के-से स्वर में कह रही है—'चार बज गए....' मानो इस अनैच्छिक समय गिनने-गिनने में ही उसका मशीन-तुल्य जीवन बीतता हो, वैसे ही, जैसे मोटर का स्पीडोमीटर यन्त्रवत् फासला नापता जाता है, और यन्त्रवत् विश्रान्त स्वर में कहता है (किससे!) कि मैंने अपने अमित शून्य पथ का इतना अंश तय कर लिया ....न जाने कब, कैसे मुझे नींद आ गई....

X X X

तब छह कभी के बज चुके थे, जब किसी के आने की आहट से मेरी नींद खुली और मैंने देखा कि महेश्वर लौट आए हैं, और उनके साथ ही बिस्तर लिए हुए मेरा कुली। मैं मुँह धोने को पानी माँगने ही को था कि मुझे याद आया, पानी नहीं होगा। मैंने हाथों से मुँह पोंछते-पोंछते महेश्वर से पूछा, "आपने बड़ी देर की?"

उन्होंने किंचित् ग्लानि-भरे स्वर में कहा, "हाँ, आज वह गैंग्रीन का ऑपरेशन करना ही पड़ा। एक कर आया हूँ, दूसरे को एम्बुलेन्स में बड़े अस्पताल भिजवा दिया है।"

मैंने पूछा, "गैंग्रीन कैसे हो गया?"

"एक काँटा लगा था, उसी से हो गया। बड़े लापरवाह लोग होते हैं यहाँ के...।"

मैंने पूछा, "यहाँ आपको केस अच्छे मिल जाते हैं? आय के लिहाज से नहीं, डाक्टरी के अभ्यास के लिए?"

बोले, “हाँ, मिल ही जाते हैं? यही गैंग्रीन, हर दूसरे-चौथे दिन एक केस आ जाता है। नीचे बड़े अस्पतालों में भी....”

माती आँगन से ही सुन रही थी, अब आ गई, बोली, “हाँ, केस बनाते देर क्या लगती है? काँटा चुभा था, उस पर टाँग काटनी पड़े, यह भी कोई डाक्टरी है? हर दूसरे दिन किसी की टाँग, किसी की बाँह काट आते हैं, इसी का नाम है अच्छा अभ्यास।”

महेश्वर हँसे। बोले, “न काटें तो उसकी जान गँवाएँ?”

“हाँ! पहले तो दुनिया में काँटे ही नहीं होते होंगे? आज तक तो सुना नहीं था कि काँटों के चुभने से मर जाते हों....”

महेश्वर ने उत्तर नहीं दिया, मुस्करा दिए। मालती मेरी ओर देखकर बोली, “ऐसे ही होते हैं डाक्टर! सरकारी अस्पताल है न, क्या परवाह है। मैं तो रोज ही ऐसी बातें सुनती हूँ। अब कोई मर-मुर जाए तो खयाल ही नहीं होता। पहले तो रात-रात-भर नींद नहीं आया करती थी।”

तभी आँगन में खुले हुए नल ने कहा—“टिप्, टिप्, टिप्, टिप्....” मालती ने कहा—“पानी।” और उठकर चली गई। खनखनाहट से हमने जाना, बर्तन धोए जाने लगे हैं....

टिटी महेश्वर की टाँगों के सहारे खड़ा मेरी ओर देख रहा था। अब एकाएक उन्हें छोड़कर मालती की ओर खिसकता हुआ चला। महेश्वर ने कहा—“उधर मत जा।” और उसे गोद में उठा लिया। वह मचलने और चिल्ला-चिल्लाकर रोने लगा।

महेश्वर बोले, “अब रो-धोकर सो जाएगा, तभी घर में चैन होगी।”

मैंने पूछा, “आप लोग भीतर ही सोते हैं? गर्मी तो बहुत होती है?”

“होने को तो मच्छर भी बहुत होते हैं, पर ये लोहे के पलँग उठाकर बाहर कौन ले जाए। अब के नीचे जाएँगे, न चारपाइयाँ ले आएँगे।” फिर कुछ रुककर बोले, “आज तो बाहर ही सोएँगे। आपके आने का इतना लाभ ही होगा।”

टिटी अभी तक रोता ही जा रहा था। महेश्वर ने उसे एक पलँग पर बिठा दिया, और पलँग बाहर खींचने लगा। मैंने कहा, “मैं मदद करता हूँ” और दूसरी ओर से पलँग उठाकर बाहर निकलवा दिए।

अब हम दोनों—महेश्वर, टिटी और मैं, दो पलँगों पर बैठ गए और वार्तालाप के उपयुक्त विषय न पाकर उस कमी को छिपाने के लिए टिटी से खेलने लगे। बाहर आकर, वह चुप हो गया था; किन्तु बीच-बीच में जैसे एकाएक कोई भूला हुआ कर्तव्य याद करके रो उठता था और फिर एकदम चुप हो जाता था....और तब कभी-कभी हम हँस पड़ते थे, या महेश्वर उसके बारे में कुछ बात कह देते थे....

मालती बर्तन धो चुकी थी। जब वह उन्हें लेकर आँगन से एक रसोई के छप्पर की ओर चली, तब महेश्वर ने कहा, “थोड़े से आम लाया हूँ, वे भी धो लेना।”

"कहाँ हैं?"

"अँगीठी पर रखे हैं—कागज में लिपटे हुए।"

मालती ने भीतर जाकर आम उठाए और अपने आँचल में डाल लिए। जिस कागज में वे लिपटे हुए थे, वह किसी पुराने अखबार का टुकड़ा था। मालती चलती-चलती सन्ध्या के उस क्षीण प्रकाश में उसी को पढ़ती जा रही थी....वह नल के पास जाकर खड़ी हो उसे पढ़ती रही, जब दोनों ओर से पढ़ चुकी तब एक लम्बी साँस लेकर उसे फेंककर आम धोने लगी।

मुझे एकाएक याद आया....बहुत दिनों की बात थी—जब हम अभी स्कूल में भरती हुए थे। जब हमारी सबसे बड़ी विजय थी, हाजिरी हो चुकने के बाद चोरी से स्कूल से निकल भागना और स्कूल से कुछ दूर पर आम के बगीचे में पेड़ों पर चढ़कर कच्ची अमियाँ तोड़-तोड़कर खाना। मुझे याद आया—कभी जब मैं भाग आता था और मालती नहीं आ पाती थी, तब मैं खिन्न मन लौट जाता था....

मालती कुछ नहीं पढ़ती थी, उसके माता-पिता तंग थे। एक दिन उसके पिता ने उसे एक पुस्तक लाकर दी, और कहा कि इसके बीस पेज रोज पढ़ा करो। हफ्ते-भर बाद मैं देखूँ कि इसे समाप्त कर चुकी हो। नहीं तो मार-मारकर चमड़ी उधेड़ दूँगा। मालती ने चुपचाप किताब ले ली, पर क्या उसने पढ़ी? वह नित्य ही उसके दस पन्ने, बीस पेज फाड़कर फेंक देती। जब आठवें दिन उसके पिता ने पूछा, "किताब समाप्त कर ली?" तो उसने उत्तर दिया, "हाँ, कर ली।" पिता ने कहा, "लाओ, मैं प्रश्न पूछूँगा।" तो चुप खड़ी रही। पिता ने फिर कहा, तो उद्धत स्वर में बोली, "किताब मैंने फाड़कर फेंक दी है। मैं नहीं पढ़ूँगी!"

उसके बाद वह बहुत पिटी, पर वह अलग बात है....इस समय मैं यही सोच रहा था कि वही उद्धत और चंचल मालती आज कितनी सीधी हो गई है, कितनी शान्त, और एक अखबार के टुकड़े को तरसती है....यह क्या है, यह....

तभी महेश्वर ने पूछा, "रोटी कब बनेगी?"

"बस अभी बनाती हूँ।"

पर अबकी बार जब मालती रसोई की ओर चली, तब टिटी की कर्तव्य-भावना बहुत विस्तीर्ण हो गई। वह मालती की ओर हाथ बढ़ाकर रोने लगा और नहीं माना, नहीं माना। मालती उसे गोद में लेकर चली गई। रसोई में बैठकर एक हाथ से उसे थपकाने और दूसरे हाथ से कई एक छोटे-छोटे डिब्बे उठाकर अपने सामने रखने लगी।....

और हम दोनों चुपचाप रात्रि की, और भोजन की, और एक-दूसरे के कुछ करने की, और न जाने किस-किस न्यूनता की पूर्ति की प्रतीक्षा करने लगे।

x x x

हम भोजन कर चुके थे और बिस्तर पर लेट गए थे और टिटी सो गया था, मालती पलँग के एक ओर मोमजामा बिछाकर उसे उस पर लिटा गई थी। वह सो तो गया था; पर नींद में कभी-कभी चौंक उठता था। एक बार तो उठकर बैठ भी गया था—पर तुरन्त ही लेट गया।

मैंने महेश्वर से पूछा, "आप तो थके होंगे, सो जाइए।"

वह बोले, "थके तो आप अधिक होंगे—अठारह मील पैदल चलकर आए हैं।" किन्तु उनके स्वर ने मानो जोर दिया—"थका तो मैं भी हूँ।"

मैं चुप हो रहा। थोड़ी देर में किसी अपर संज्ञा ने मुझे बताया, वह ऊँघ रहे हैं।

तब लगभग साढ़े दस बजे थे। मालती भोजन कर रही थी।

मैं थोड़ी देर मालती की ओर देखता रहा, वह किसी विचार में (यद्यपि बहुत गहरे विचार में नहीं) लीन हुई धीरे-धीरे खाना खा रही थी। फिर मैं इधर-उधर खिसककर, पलँग पर आराम से होकर, आकाश की ओर देखने लगा।

पूर्णिमा थी। आकाश अनभ्र था।

मैंने देखा—उस सरकारी क्वार्टर की दिन में अत्यन्त शुष्क और नीरस लगने वाली, स्लेट की छत भी चाँदनी में चमक रही है, अत्यन्त शीतलता और स्निग्धता से छलक रही है, मानो चन्द्रिका उन पर से बहती हुई आ रही हो, झर रही हो....

मैंने देखा—पवन में चीड़ के वृक्ष गर्मी से सूखकर मटमैले हुए चीड़ के वृक्ष—धीरे-धीरे गा रहे हैं—कोई राग जो कोमल है, किन्तु करुण नहीं; अशान्तिमय है, किन्तु उद्वेगमय नहीं....

मैंने देखा—प्रकाश से धुँधले नीले आकाश के तट पर जो चमगादड़ नीरव उड़ान से चक्कर काट रहे हैं, वे भी सुन्दर दीखते हैं....

मैंने देखा—दिन-भर तपन, अशान्ति, थकान, दाह, पहाड़ों में से भाप की नाईं उठकर वातावरण में खोए जा रहे हैं, और ऊपर से एक कोमल, शीतल, सम्मोहन, आह्लाद-सा बरस रहा है, जिसे ग्रहण करने के लिए पर्वत-शिशुओं ने अपनी चीड़-वृक्ष रूपी भुजाएँ आकाश की ओर बढ़ा रखी हैं....

पर यह सब मैंने ही देखा, अकेले मैंने....महेश्वर ऊँघ रहे थे, और मालती उस समय भोजन से निवृत्त होकर, दही जमाने के लिए मिट्टी का बर्तन गर्म पानी से धो रही थी और कह रही थी, "बस, अभी छुट्टी हुई जाती है।" और मेरे कहने पर कि "ग्यारह बजने वाले हैं" धीरे से सिर हिलाकर जता रही थी कि रोज ही इतने बज जाते हैं....गलती ने वह सब कुछ नहीं देखा। मालती का जीवन अपनी रोज की नियत गति से बहा जा रहा था और एक चन्द्रमा की चन्द्रिका के लिए, एक संसार के सौन्दर्य के लिए, रुकने को तैयार नहीं था....

चाँदनी में शिशु कैसा लगता है, इस अलस जिज्ञासा से मैंने टिटी की ओर

देखा। और एकाएक मानो किसी शैशवोचित वामता से वह उठा और खिसककर पलँग के नीचे गिर पड़ा और चिल्ला-चिल्लाकर रोने लगा। महेश्वर ने चौंककर कहा, "क्या हुआ?" मैं झपटकर उसे उठाने दौड़ा, मालती रसोई से बाहर निकल आई, मैंने उस 'खट्' शब्द की याद करके धीरे-से करुणा-भरे स्वर में कहा, "चोट बहुत लग गई बेचारे के।"

यह सब मानो एक ही क्षण में, एक ही क्रिया की गति में हो गया।

मालती ने रोते हुए शिशु को मुझसे लेने के लिए हाथ बढ़ाते हुए कहा, "इसके चोटें लगती ही रहती हैं, रोज ही गिर पड़ता है।"

एक छोटे क्षण-भर के लिए मैं स्तब्ध हो गया। फिर एकाएक मेरे मन ने, समूचे अस्तित्व ने, विद्रोह के स्वर में कहा—कहा मेरे मन ने भीतर ही, बाहर एक शब्द भी नहीं निकला—'माँ! युवती माँ! यह तुम्हारे हृदय को क्या हो गया है जो तुम एकमात्र बच्चे के गिरने पर ऐसी बात कह सकती हो....और यह अभी, जब तुम्हारा सारा जीवन तुम्हारे आगे है!'

और, तब एकाएक मैंने जाना कि वह भावना मिथ्या नहीं है। मैंने देखा कि सचमुच उस कुटुम्ब में कोई गहरी, भयंकर छाया घर कर गई है, उनके जीवन के इस पहले ही यौवन में घुन की तरह लग गई है, उनका इतना अभिन्न अंग हो गई है कि वे उसे पहचानते ही नहीं, मैंने उस छाया को देख भी लिया।

इतनी देर में, पूर्ववत् शान्ति हो गई थी। महेश्वर फिर लेटकर ऊँघ रहे थे। टिटी मालती के लेटे हुए शरीर से चिपटकर चुप हो गया था, यद्यपि कभी एक-आध सिसकी उसके छोटे-से शरीर को हिला देती थी। मैं भी अनुभव करने लगा था कि बिस्तर अच्छा-सा लग रहा है। मालती चुपचाप आकाश में देख रही थी; किन्तु क्या चन्द्रमा को! या तारों को?....

तभी ग्यारह का घण्टा बजा। मैंने अपनी भारी हो रही पलकें उठाकर अकस्मात् किसी अस्पष्ट प्रतीक्षा से मालती की ओर देखा। ग्यारह के पहले घण्टे की खड़कन के साथ ही मालती की छाती एकाएक फफोले की भाँति उठी और धीरे-धीरे बैठने लगी और घण्टा-ध्वनि के कम्पन के साथ ही मूक हो जानेवाली आवाज में उसने कहा, "ग्यारह बज गए।...."

शिवप्रसाद सिंह

19 अगस्त, 1928 को जलालपुर, जमनिया बनारस में पैदा हुए शिवप्रसाद सिंह ने काशी हिन्दू विश्वविद्यालय से 1953 में एम.एम. (हिन्दी) किया। 1957 में पी–एच. की। काशी हिन्दू विश्वविद्यालय में ही अध्यापक नियुक्त हुए, जहाँ प्रोफेसर और विभागाध्यक्ष भी रहे। सम्प्रति स्वतंत्र लेखन। शिक्षा जगत् के जाने-माने हस्ताक्षर शिवप्रसाद सिंह का साहित्य की दुनिया में भी उतना ही ऊँचा स्थान है। प्राचीन और आधुनिक दोनों ही समय के साहित्य से अपने गुरु पं. हजारीप्रसाद द्विवेदी की तरह समान रूप से जुड़े शिवप्रसाद सिंह 'नयी कहानी' आन्दोलन के आरम्भकर्ताओं में से हैं। उनकी 'दादी माँ' कहानी को पहली 'नयी कहानी' माना गया है। साहित्य अकादमी पुरस्कार, व्यास सम्मान, लोहिया विशिष्ट पुरस्कार, केडिया पुरस्कार, शारदा सम्मान आदि अनेक पुरस्कारों-सम्मानों से समादृत हैं।

प्रमुख पुस्तकें : वैश्वानर (काशी-1), नीला चाँद (काशी-2), गली आगे मुड़ती है (काशी-3), अलग-अलग वैतरणी, कोहरे में युद्ध, दिल्ली दूर है, शैलूष, मंजूषिमा, औरत (सभी उपन्यास), अन्धकूप, एक यात्रा सतह के नीचे, अमृता, (क्रमशः सम्पूर्ण कहानियाँ-1,2,3), मानसी गंगा, किस-किसको नमन करूँ (सम्पूर्ण निबन्ध-1,2), उत्तर योगी (महर्षि श्री अरविन्द की जीवनी), कीर्तितता और अवहट्ठ भाषा, विद्यापति, आधुनिक परिवेश और नवलेखन, आधुनिक परिवेश और अस्तित्ववाद (आलोचना) आदि।

हत्या और आत्महत्या के बीच

मैं इलाहाबाद जा रहा था। छोटी लाइन के डब्बे इसलिए बुरे नहीं लगते कि वे छोटे होते हैं, बल्कि इसलिए कि वे निहायत गन्दे होते हैं, संडास से निकल-निकलकर बदबूदार कीड़े बर्थ के पास रेंगते हैं। अजब वैरागी मुद्रा में रुककर एक लमहे के लिए निश्चेष्ट पड़े रहते हैं। फिर जरा-जा खटका होते ही बला की फुर्ती के साथ जूतों के नीचे यों छिपते हैं, जैसे समूचे डब्बे में निरापद स्थान यही हो।

गाड़ी रामनाथपुर स्टेशन के पास पहुँच रही थी मैंने नायपॉल के 'ऐन एरिया आफ डार्कनेस' को बन्द कर दिया क्योंकि उस वक्त पश्चिम में लटकते सूरज की चमकती रोशनी की एक बड़ी-सी थिगली पुस्तक के पन्ने पर इस तरह बैठ गयी थी कि आँखे ठहरती नहीं थीं। मैंने खिड़की से बाहर की ओर देखा। दूर तक फैले गन्ने के खेत, चैती फसलें, यानी कि पूरा सिवान नियन्त्रण की मुद्रा में निरन्तर परिधि पर थिरक रहा था। तभी गाड़ी थरथराई और एक झटके से खड़ी हो गयी।

गाड़ी की अलग-अलग मुद्राएँ होती हैं—आदमी ही की तरह। और आदमी जो हर चीज की अपनी आदतों से तुलना करने का अभ्यस्त है, पलक मारते भाँप जाता है कि किस हरकत का क्या अर्थ होता है। मैं थोड़ा यात्रा-भीरू हूँ इसलिए कभी भी गाड़ी और मुझमें समरस सम्बन्ध नहीं जुड़ पाता। मैं प्रायः ही अपने को गाड़ी से अलग बनाए रहता हूँ इसलिए न तो ठीक से सो पाता हूँ और न तो सजग चैतन्य ही रह पाता हूँ। यानी मैं उस बेवकूफ यात्री की तरह हूँ, जो गाड़ी में चढ़े हुए भी अपनी गठरी अपने ही सिर पर रखे रहता है। रेलगाड़ी सबका सामान उठाकर ले जाती है, यह जानते हुए भी हम यात्रा करते समय अपनी छोटी गठरी गाड़ी में कहीं रखकर मजे से जाने के बजाय, उसे सिर पर लेकर ढोएँ तो यह मूर्खता नहीं तो और क्या है? मैं ऐसी ही मूर्खता बराबर करता हूँ। लोग अपनी-अपनी गठरी सिरहाने रखकर आराम से खुर्राटे भरते हैं। मैं उसे सिर पर नहीं, सिर के भीतर उठाए जागता रहता हूँ।

उस दिन भी ऐसा ही हुआ। अपनी-अपनी गठरी डब्बे में छोड़ लोग उतर-उतर दुर्घटना-स्थल की ओर भागे, और मैं ज्यों-का-त्यों बैठा रहा। मेरे साथ दिक्कत यह

थी कि गठरी एक लम्बे जाल की तरह पूरी हरियाली पर फैल गयी थी और उसे समेटने में कुछ-न-कुछ समय तो लगता ही है।

इट लुक्ड लाइक़ ए सुइसाइड, एक अंग्रेजीदाँ सज्जन के इस कथन ने मेरी बड़ी मदद की। मैंने जैसे-तैसे जाल को समेटा और घटनास्थल की ओर भागा। भारी-भरकम शरीर के कई अभिशाप हैं। पर सबसे खलनेवाली स्थिति का बोध ऐसे ही मौकों पर होता है। पैर घटनास्थल की ओर खिंच रहे थे और कान इंजन की सीटी की ओर लगे थे।

मुझे भी वह आत्महत्या की घटना ही लगी। अंग्रेजी न जाननेवाला भी इतना तो देखकर ही कह सकता था कि वह एक चौबीस-पच्चीस साल की तरुणी थी। उसका सिर खो गया था। रेल की दोनों पटरियों के बीच वह निश्चेष्ट पड़ी थी। कमर के नीचे तक का सारा हिस्सा उघड़ा हुआ था। सैकड़ों भले मानुस अपनी-अपनी गठरी छोड़कर आए थे। सो किसी को यहाँ रुककर सोचने की फुर्सत नहीं थी; पर मैंने अपनी गठरी नहीं छोड़ी थी, सो बेवकूफी हो गयी।

"वह कपड़ा तो ठीक करा दीजिए साहब।" मैंने गार्ड से कहा।

"यहाँ पूरा-का-पूरा सिर गायब है जनाब, शिनाख्त करना भी मुश्किल है कि यह कौन थी, और आपको कपड़े की पड़ी है।" उसने मुसकराते हुए कहा। उसकी मुस्कराहट कतई बुरी नहीं लगी क्योंकि अपनी मूर्खता में वह फिलासफी बोल गया था और मैं बेशिनाख्त औरत के बेपर्दा होने-न-होने के बीच लटकती फिलासफी से उलझ गया था।

यह एक खासी मछली थी। मेरे सिर के भीतर इसकी हलचल से जाल रह-रहकर तन जाता था। इस हालत में वहाँ रुके रहना बेकार था। मैं डब्बे में वापस आ गया। मैं अपनी सीट पर बैठ गया। गठरी पुनः खुल गयी। जाल फिर हरियाली पर फैल गया। बड़े-बड़े पेड़, कँटीली झाड़ियाँ, रेलवे के किनारे लगे घीकुँवार के पौधे जाल में फँसते गए। पर पता नहीं, क्यों इस बार जाल और हरियाली में अनबन थी। एक कटी हुई मछली उसी तरह बीचोबीच फँसी तड़प रही थी और रह-रहकर जाल का कोई-न-कोई छोर तन जाता था।

उघड़े बदन का रंग क्या सचमुच इतना ईगुरी था? गोरी खाल में लाली कभी छिपती नहीं। हो सकता है, हादसे के कारण खून जगह-जगह उचटकर उसके बदन को ऐसा बना गया हो। मुर्दे शरीर में खून की ऐसी अनजानी हरकत के बारे में दिलजमई नहीं होती। उसकी खूब उस जाँघे, भरे-भरे नितम्ब, पिंडलियाँ, उँगलियाँ—सभी इस बात के गवाह थे कि वह खूब प्यार पाने योग्य सचमुच जिन्दा औरत थी। ऐसी औरत को जिन्दगी से बेतरह प्यार होना चाहिए था।

जाल भ्‍ज्ञी अजीब किस्म का करिश्मा है। पानी कहीं रुके भी नहीं, पर पानी के भीतर की कोई चीज उससे बचकर निकल भी न सके। गंगा मुझे अच्छी लगती

है। शीतल, भरी-भरी लहरों की चुन्नट में डूबी गंगा को मैंने खूब प्यार किया है। पर शोभा बुआ के साथ गंगा में डुबकियाँ लगाने में अजब किस्म की सिरहन पैदा हो जाती है। वे मेरा हाथ पकड़कर कहती, "क्यों मुन्ना, आओ एक डुबकी तुम्हारे बाबूजी के नाम पर लगाएँ?"

"लगाओ," मैं कहता।

"पहले मेरा हाथ तो पकड़ लो, जोर से।"

"क्यों?"

"क्यों क्या, कहीं डुबकी लगाने में लहर बहा ले जाए मुझे तो।"

"तुम मुझे पकड़े रहो, मैं तुम्हें। हाथ पकड़े-पकड़े डूबें, हाथ पकड़े-पकड़े निकलें, मैं कहता।"

"शबाश!" बुआ खिलखिलाकर हँसतीं।

"गाँव की औरतें हमारी ओर देखने लगतीं।"

"शोभा का बचपना नहीं छूटा।" गौरा आजी बड़े स्नेह से हमारी ओर ताकतीं। दूसरी बूढ़ी औरतें भी देखतीं, पर उनके चेहरे मुझे पूरी तरह थिराए नहीं लगते। दूर धारा से सूँस 'सूई' से करके उलट जाता। हम चट डुबकी लगा लेते।

नदी से गाँव लौटते वक्त हम कतार में सबसे पीछे चलते। घाट से लेकर गाँव तक अलग-अलग टोलियों की थिगलियाँ जैसे उग आतीं। गर्मी की सुबह सुनसान सिवान में इन्सान की ये टोलियाँ भी कम सुहानी नहीं लगतीं। हम जानकर इस कतार में सबसे पीछे हो लेते।

गंगा से लौटते वक्त रास्ते में रेलवे लाइन का पाँच मेहराबोंवाला पुल पड़ता। मुझे यहाँ बड़ा डर लगता। कल्लू कहता था कि पुल में पाँच लड़के जिन्दा चुने गये हैं क्योंकि पुल गिर-गिर जाता था।

"क्यों शोभा बुआ! इस पुल में क्या जिन्दे लड़के चुने गए है?" मैं पूछता।

शोभा बुआ का चेहरा गुस्से से तमतमा उठता, "किस बदतमीज ने कहा तुझसे ऐसा? तू डर तो नहीं रहा है?" वे अचनाक मेरे निकट सट आतीं और मेरे कन्धे पर हाथ रखकर चलने लगतीं।

एकाध बार मैंने हमउम्र दूसरे लड़कों की तरह कतार के सबसे आगे चलने की होड़ लगानी चाही, पर शोभा बुआ का चेहरा देखकर रुक जाता। उस वक्त शोभा बुआ कुछ न कहतीं। न कोई गुस्सा, न कोई मलाल। सिर्फ उनके चेहरे पर एक बेचारगी का भाव जैसा छा जाता। वे हँसती तो तब भी होतीं, उनके काले-काले केश गंगा की बालू से मल-धोकर और चमकने लगते। एक-एक धागा जैसे सुलझकर हवा में अपनी अहमियत की परीक्षा करता, पर क्या मजाल कि बिखरे केश कहीं से चेहरे की ओर लपकने की हिम्मत करें। मुझे हमेशा लगता कि शोभा बुआ के पास एक तीसरी मुट्ठी भी है जो सिर्फ उन्हें दिखाई पड़ती है। वह एक ऐसी मुट्ठी है जो हर

चीज को आजाद रखने की छूट देते हुए भी कहीं से ढीली नहीं होती।

गाँव पहुँचते ही बुआ लपकर बूढ़ियों के साथ चलतीं। और गौरा आजी के पास पहुँचतीं, "अम्मा, जरा मुन्ना को छोड़ती आऊँ।" वह धीरे से कहतीं और मेरा हाथ पकड़े बगल की गली में मुड़ जातीं। मैं अक्सर सोचता रहता कि बुआ आगेवाली गली से न जाकर पिछवाड़ेवाली गली से क्यों चलती है? कितनी गन्दगी है इसमें। आमदरफ्त कम होने से यह बन्द गली और कैसी होगी भला!

"सामने से चलो न?" मैंने एक बार कहा।

"नहीं, इधर से जल्दी पड़ता है।"

"कितनी गन्दी है।"

"हुँह!" बुआ आँचल का खूँट नाक से लगा लेतीं। कुछ जवाब न देतीं, उसी में चलती जातीं।

पिछवाड़ेवाले दरवाजे के पास पहुँचकर कहतीं, "मुन्ना, देख लो, तुम्हारे बाबूजी हैं कि नहीं।"

"हैं तो," उनकी आवाज साफ़ सुनाई पड़ती होती।

"तो ठीक है, अब चले जाओ। मैं यहीं से लौट जाऊँगी। वह दरवाजे पर खड़ी दो चार-मिनट आँगन की ओर देखती रहतीं। फिर उसी गली से लौट जातीं।"

"नहा लिए?" मुझे आँगन मे खड़ा देख बाबूजी पूछते।

गाड़ी पुनः पहले की रफ्तार में आ गयी थी। अब उसके पहियों में कोई काण्ड कर चुकने के बाद की रिरियाहट नहीं थी। मैं वैसे ही फसलों से लदी वादियों को फिसलते हुए देख रहा था। पता नहीं तेज रफ्तार से या लगातार फिसलती हरी फसलों पर ताकते रहने से मैं कुछ-कुछ ऊँघने लगा था।

मेरे सामने नदी थी। गंगा ही होगी, मैंने इतनी बड़ी कोई और नदी कहाँ देखी है।

"क्यों मुन्ना?"

मैंने शोभा बुआ के चेहरे पर आँखे टिका दीं। वे पता नहीं कैसे आ गयी थीं, "आओ न, एक डुबकी लगा लें, तुम्हारे बाबूजी के नाम पर।"

"लगाओ।" मैंने कहा।

"पहले मेरा हाथ तो पकड़ लो।"

"क्यों?"

"क्यों क्या, कहीं डुबकी लगाने में लहर बहा ले जाए तो?" हमने डुबकी लगा ली।

"शोभा बुआ! मैंने उनसे पूछा, "आखिर तुमने ऐसा क्यों किया? पढ़ी-लिखी होकर ऐसा गन्दा काम करते क्या तुम्हें हिचकिचाहट भी नहीं हुई?"

सुनो, मुन्ना, तुम एक ऐसी चीज पूछ रहे हो, जिसे पूछने की हिम्मत आज

तक किसी ने नहीं की। जब मेरे बारे में गाँव में तरह-तरह की बातें उड़ाई गयी तो भी सही जमोध के लिए भी किसी ने मुझसे पूछने की हिम्मत नहीं की। कोई पूछता भी तो क्या मैं बताती? मैं चाहती भी तो क्या बताती? पर तुमसे मैं कुछ नहीं छिपा सकती।

तुम्हारे बाबूजी और मेरी उम्र में आठ साल से अधिक का फर्क था। वे कहते हैं कि मैंने शोभा को गोद में खिलाया है, तो बिल्कुल ठीक ही कहते हैं। मैंने कभी उन्हें उम्र के लिहाज से नहीं देखा, यह सही है, पर कभी मैं यह भूल भी नहीं पाई कि शोभा जो कुछ भी है, वह तुम्हारे बाबूजी के कारण है। वह स्कूल के पढ़कर आते तो मैं दौड़ी-दौड़ी तुम्हारे घर पहुँच जाती। जानते हो क्यों? मैं उस वक्त कक्षा पाँच में पढ़ रही थी गाँव के प्राइमरी स्कूल में और तुम्हारे बाबूजी, वो तो बी.ए. कर रहे थे।"

"शोभा पढ़कर डॉक्टर बनेगी, गौरा चाची जान लो!" वह मेरी अम्मा से कहते, "मैंने पढ़ने में इतनी तेज़ लड़की नहीं देखी।"

मैं अम्मा की पीठ के पीछे छिपने लगती। वे मेरी चोटी पकड़कर खींचते, "क्यों री गिलहरी, एक साल में दो-दो दर्जे डाँक रही है?"

तुम्हारी आजी हँसकर कहती, "डाक्टरनी बनेगी। हुँह, चूल्हा फूँकते आँखें सूजेंगी और बर्तन मतले साथ घिस जाएँगे।"

"चुप रहो अम्मा। तुम लोग तो लड़कियों को यह सब कह-कह करके और भी कमजोर बना देती हो। ये बेचारी यही सब सुन-सुनकर मान लेती हैं कि इनके करम में चूल्हा-चक्की ही लिखी है। औरतों की किस्मत जितनी औरतें बिगाड़ती हैं, शायद ही कोई दूसरा बिगाड़ सके।"

"कौन-सा झूठ कह रही हैं, बहिनजी।"

अम्मा चाची का पक्ष लेकर तुम्हारे बाबूजी से कहती, "भइया, मन की मिठाई खाने से पेट नहीं भरता। शोभा को ठीक-ठीक घर-वर मिल जाए, मैं उरिन होऊँ बस, अपनी तो यहीं मंशा है!" तुम्हारे बाबूजी कुछ न बोलते। वह अपनी किताबें लिए छत पर चले जाते। मैं दोनों बूढ़ियो को आपस में गप-शप में मशगूल देखती और पैर दबाकर छत पर पहुँच जाती।

वाह, कितनी किताबें, कितनी पत्रिकाएँ, खूब जुटा रही थीं, तुम्हारे बाबूजी ने, पर सबके सिलसिले, किसी किताब की पीठ सामने तो किसी का मुँह सामने, कोई सीधी खड़ी है तो कोई शीर्षासन कर रही है। मेज पर ढेर सारी किताबें। एक ऊपर, एक दबी हुई बेतरतीबवार रखी होतीं।

मैं जब उन्हें ठीक-ठीक करने लगती तो वह हँसते, "देख शोभा, इन बूढ़ियों की बात में मत आना, जिन्दगी बनाती हो तो औरों की तरह कक्षा पाँच पास करके घर मत बैठ जाना। अब तो बगल में डिग्री कॉलेज हो गया है। बी. ए. तो तुम

आसानी से कर सकती हो। पढ़ाई-लिखाई सहायक ही होती है, बाधक नहीं, और फिर अब जमाना भी तेजी से बदल रहा है। अब देखो न मेरे साथ ही चार-पाँच लड़कियाँ पढ़ती हैं। माना कि कोई स्टेशन मास्टर की है, कोई दारोगा की, एकाध व्यापारियों की हैं, पर हैं तो सही। तू वहाँ जब तक पहुँचेगी, हालत इससे भी अच्छी रहेगी। है न?"

मैं किताबें हाथ में लिए-लिए ही उनकी ओर मन्त्रमुग्ध की तरह देखती रहती। तुम सोचते होगे मुन्ना कि भला मुझे उस वक्त जिन्दगी-जिन्दगी का अर्थ क्या आता रहा होगा। पर भइया, यह बकवास है। जिन्दगी का अर्थ जन्मते ही खुल जाता है। सिर्फ उसे समझना होता है। जो उसे जितनी जल्दी देख ले, उतना ही अच्छा। और कोई जब चाहे तभी से देखना शुरू भी कर सकता है। तो मैं उस वक्त जिन्दगी का मतलब सिर्फ इतना जानती थी कि शोभा को औरों की तरह सड़ना नहीं है, औरों से अच्छा होना है। जो कुछ वह हो सकती है, क्यों नहीं होगी भला।

"और लोग जो कहें, मैं कभी भी मास्टर भैया को दोषी नहीं कह सकती। उन्होंने किसी लड़की को पढ़ने की, पढ़ाई जारी रखने की सलाह दी तो कौन-सा गुनाह कर दिया?"

"लेकिन..." मैं धीरे से बुदबुदाया।

मैं उस पर भी आ रही हूँ, मुन्ना धबड़ाओ मत, जब मैं सब कहने ही बैठी हूँ तो वही क्यों छिपाऊँगी जिसे सबने पी-पीकर कहा, मुँह बना-बनाकर जिसे लोग गलियों के नुक्कड़ और चौराहों पर कहते रहे, उसे मैं पीकर डकार जाना नहीं जानती। तुम मेरे और अपने बाबूजी के बीच के सम्बन्धों को जानना चाहते हो न? तो सुनो, तुम विश्वास कर पाओगे, शायद नहीं, क्योंकि तुम उस जमाने में पले हो, जहाँ मर्द और औरत के मिलते रहने का सिर्फ एक ही अर्थ होता है, यानी दोनों में नायायज सम्बन्ध। तुम यदि एक-दूसरे के लिए बहुत-बहुत आत्मीयता और निकटता को नायायज मानते हो तो वह थी। तुम यदि एक-दूसरे के लिए गहरी शुभेच्छा, सचमुच की ईमानदार शुभेच्छा को नाजायज मानते हो तो वह थी। तुम यदि इस इच्छा को, कि यदि कभी जरूरत हुई तो मुझे तुम्हारे बाबूजी के लिए प्राण देने में भी इन्कार न होगा, नाजायज मानते हो, तो वह थीं। पर हमारे बीच कोई ऐसा सम्बन्ध नहीं था, जिसे अवैध या अनुचित कहा जाए।

खैर, इसी बीच तुम्हारे बाबूजी की शादी हुयी। तुम्हारा जन्म हुआ। मैंने दसवीं कक्षा फर्स्ट क्लास में पास की। यदि आगे पढ़ने दिया जाता तो वजीफा भी मिलता पर ऐसा कुछ नहीं हुआ। मैं बहुत रोई, गिड़गिड़ाई पर कोई लाभ नहीं हुआ। मेरी शादी तै हो गयी। मेरे पतिदेव मुझसे उम्र में तीन साल बड़े होते हुए भी हाई स्कूल की परीक्षा में तीन बार फेल जितने तिलक की जरूरत थी, मेरे पिता नहीं दे सकते थे।

जब से मेरी शादी की बात तै हुई, तुम्हारे बाबूजी ने बोलना बन्द कर दिया। मुझे अपार दुःख हुआ। मुझे अपनीं जिन्दगी ही भर लगने लगी क्योंकि मैंने तुम्हारे पिता से विश्वासपूर्वक जीने की शिक्षा भी पाई थी। उनका इस कदर नुझे दोषी मानकर इकतरफा निर्णय ले लेना, मेरे लिए असह्म हो गया।

उस रात को, जिसकी बड़ी जासूसी के बाद लोगों ने संघान पाया है, मैं जरूर उनसे मिलने गयी थी। यह भी सही है कि मेरे हाथ में कगन बँधे थे और नुझे हल्दी चढ़ रही थी। गाँव की औरते, तुम्हारी माँ और आजी भी उस रात गाने में आयी थीं और मै। बाहर जाने के बहाने सीधे तुम्हारी छत पर पहुँची थी। तुम्हारे पिताजी उस वक्त तक डिग्री कॉलेज में अध्यापक हो चुके थे।

"कौन?" उन्होंने देखते ही चौंक कर पूछा।

"मैं हूँ शोभा।"

"शोभा," उनकी आँखे आश्चर्य से फटी की फटी रह गयी थीं, "ऐसे में तुम्हें यहाँ आने की क्या जरूरत पड़ गयी?"

"जरूरत पड़ी तभी तो आई," मैं भी खूब भरी थी, "आपने मुझे साहस से जीना सिखाया था। वह मैं अब भी कर रही हूँ। पर इसके लिए पहला दण्ड आप से ही मिलेगा, ऐसी उम्मीद नहीं थी।"

"शोभा, तुम बचपने की बात रह रही हो। शादी तै हो जाने पर किसी लड़की को घर के बाहर के पुरुष से बोलते देखा है तुमने?" मैं मौन रह गयी। वह नाराज नहीं थे। सिर्फ दुःखी थे। ठीक भी था। मैं ही पगली थी जो सोचती थी कि सदा ही कि तरह वह मेरे घर आकर मुझसे वैसी ही बातें करते रहेंगे।

"तो आप नाराज नहीं है न?"

"नाराज कहो को रे पगली!" वह उदास भाव से बोले, "तुम जिन्दगी में खुश रहो, फूलो-फलो, इससे अधिक मुझे और क्या चाहिए?" मुझे लगा कि उनकी आँखें ऐसा कहते छलछला आयी हैं। मैं उनके पैरों पर गिर पड़ी थी और सुबकती रही थी।

मुन्ना, तुम भी क्या इस रात को और लोगों की तरह गुनाहों की रात मान लोगे? शादी के बाद मैंने एक पत्नी की तरह ससुराल को ही अपना सब कुछ मान लिया। मैंने मायके को बिसरा दिया। मैं पढ़ी-लिखी हूँ, इसका तो मुझे भान भी नहीं रहा, गुमान तो दूर, मैं तो उस घर की दासी बनकर ही रहने लगीं।

पर पता नहीं मेरी किस्मत का दोष था, या मेरे स्वभाव का, मैं दिन-प्रतिदिन उसी व्यक्ति से दूर होती गयी, जिसके साथ मुझे जन्म-जन्मातर के लिए बाँधा गया था।

घटना बहुत मामूली थी, पर तूल पकड़ गयी। मेरे बाप ने मेरे पति को खिचड़ी की रस्म के अवसर पर जो जनता घड़ी दी थी, वह अचानक बिगड़ गयी।

"जाने दीजिए, दूसरी घड़ी हो जाएगी। अपने हाथ का भरोसा करना चाहिए।

आदमी रहेगा, तो लाख चीजें आएँगी-जाएँगी।"

इतना कहना था कि वह आँखें चढ़ाकर बोले, "तुम साली को मैं खूब समझता हूँ। हाई स्कूल में फर्स्ट क्लास क्या पा लिया, अपने को विद्योत्तमा समझने लगी।"

उनको ऐसे बिफरते देख, मुझे गुस्सा नहीं, हँसी आ गयी। वह हँसी ही काल हो गयी।

वह चारपाई से उतरे और मेरी ओर कटहे कुत्ते की तरह दौड़े "रह साली आज मैं तेरा सारा ज्ञान बघारना ही बन्द करा देता हूँ।" उन्होंने लातों से, थप्पड़ से मुझे इतना मारा कि मैं बेहोश जैसी हो गयी। पर मैं रोई नहीं।

सास ने किसी तरह बेटे को अलग किया।

"देख रहे हो, पेट में कितना मलाल छिपाए है, छिनाल की आँख में आँसू तक नहीं है। मैं तो पहले ही सब सुन चुका था।"

"क्या बक-बक करते हो!" सास ने समझाया, "खुले बाजार अपनी इज्जत बेचकर नाक कटाओगे क्या?"

वह चुप हो गए, पर मन-ही-मन लाखों गालियाँ देते चले गए।

मैं उस रात चारपाई पर पड़ी-पड़ी रात-भार रोती रही। क्या यही जिन्दगी है जिसके लिए लोग गौरी-पूजन करते हैं, व्रत रखते हैं? क्या यही है वह आत्मा, अपना अर्धांश, जिसे पाने के लिए मैं जन्म-जन्मान्तर से भटक रही थी? क्या इसी जिन्दगी के लिए हर औरत सती-सावित्री बनने का मनसूबा बाँधती है?

खैर, जो हुआ सो हुआ, मैं कुछ न बोली। बात बढ़े नहीं, इसलिए रूठना भी ठीक नहीं लगा दूसरे दिन पौ फटने के साथ के साथ ही रोज की तरह अपने काम में जुत गयी।

अचानक गाड़ी को दचका लगा। मैंने देखा कि गाड़ी पुल पार कर रही है। मैंने नीचे झाँककर देखा, नदी का पानी बहुत गन्दा और मटमैला था। ऐसे पानी में कोई कितनी देर डुबकी लगा सकता है।

बुआ ससुराल से गाँव आ गयी थीं। मैं उस वक्त काफी छोटा था। बड़ी भी होता तो क्या सारी बातें सिलसिले से जान पाता? मुझे कुछ नहीं मालूम था कि उनके घर में, घर के बहार, गाँव की गलियों में उनके बारे में क्या-क्या बातें होती रहीं।

एक दिन मैंने सुना कि शोभा बुआ का गौना होनेवाला है। उनके घर में हफ्ते-भर पहले से मिठाइयाँ वगैरह बनने लगीं।

गौने के दो-तीन रोज पहले की बात है, मैं अचानक सीढ़ियाँ पार करता हुआ अपनी छत पर जा रहा। बाबूजी के साथ होता है, बातें धीरे-धीरे ठीक हो जाती हैं।"

"आप नहीं समझ पाएँगे कि दुर्व्यवहार क्या होता है," बुआ सुबकते हुए बोली थीं।

एक क्षण सन्नाटा रहा, “आप कुछ नहीं बोलते? आपको भी कोई रास्ता नहीं सूझता। मैंने कहा कि कस्बे की कन्या पाठशाला में मेरे लिए कोई नौकरी दिला दीजिए, वह भी नहीं किया।”

“पागल हुई है क्या, वे लोग नहीं चाहते कि तुम नौकरी करो। अभी बिला वजह उनका व्यवहार बुरा है, कहीं उनकी इच्छा के वरखिलाफ तुमने नौकरी कर ली तो वे लोग पता नहीं क्या-क्या सोचें और करें।”

“तो आप मेरे लिए कुछ तो बताइए। मैं उन कसाइयों के बीच लौटकर नहीं जाना चाहती। उन्हें मेरे पढ़े-लिखे होने पर जलन होती है, वे मेरे साथ जानवर से भी बदतर सलूक करते हैं। मैंने ऐसा क्या किया है, जिसके लिए ऐसी जघन्यता सहती रहूँ।”

फिर सन्नाटा छा गया।

बुआ आँचल से आँसू पोंछती हुई धीरे-धीरे सीढ़ियाँ उतरती चली गयी।

“दीदी!” आँगन से माँ पुकारती रह गई, पर उन्होंने कुछ नहीं सुना। वह उसी बदबूदार गली में मुड़ गयी।

गौने की रात को विदाई के घंटा-भर पहले शोर मचा। उस समय तक बाराती सुबह की ठंडी हवा में ऊँघ रहे थे। रात-रातभर तक बारातियों की शाहखर्ची और दिलवरी का ढिंढोरा पीटते-पीटते थककर बाईजी सो गयी थीं। तभी एक अजीब कुहराम मचा। सारे गाँव में जैसे किसी ने खतरे की घंटी बजा दी।

“क्या है भई, क्या हुआ?”

एक साथ हजार आवाजें। उत्तर गुलगपाड़े में खो गया।

अम्मा हड़बड़ाकर मेरी चारपाई से उतरीं तो मैं भी उनके साथ हो लिया। जिसे देखिए वही रेलवे लाइन के पुल की ओर दौड़ा हुआ जा रहा था। वहाँ सुबह पाँच बजे आनेवाली पटना पैसेंजर रुकी थी और लोगों का मजमा टूटा पड़ रहा था।

गर्मी की वह सुबह काफी उजास से भरी थी, पर इंजन के काले धुएँ ने सारे वातावरण पर डरावनी कालिमा से भरा गाढ़ा पर्दा फैला दिया था।

वह लाश शोभा बुआ की ही थी। सिर कटकर एकदम अलग हो गया था। गौरा आजी, शोभा बुआ के बूढ़े पिता, उनका छोटा भाई तथा गाँव की कुछ दूसरी औरतें जार-बेजार रो रही थीं। मैंने शोभा बुआ की लाश को बहुत नजदीक से देखा था। उनकी मुट्ठियाँ भिंची थीं। बड़ी मुश्किल से दाहिनी मुट्ठी में बन्द कागज को निकाला गया जिस पर सिर्फ दो वाक्य लिख थे—अपनी आत्महत्या के लिए सिर्फ मैं उत्तरदायी हूँ, पर उत्तर देने कभी नहीं आऊँगी।

सच, शोभा बुआ ने कभी उत्तर नहीं दिया, न उत्तर देने आयी। जब उनके साथ जानवरों जैसा सलूक किया गया तब भी उन्होंने उत्तर नहीं दिया और जब उनके ऊपर किए-अनकिए बीसियों नायायज कामों के आरोप लगाए गए, तब भी वह उतर देने

नहीं आयीं। पूरे मजमे में उनके पति महाशय गमगीन त्रासदी के बीच भी जोकर का पार्ट अदा कर रहे थे। उन्होंने शोभा बुआ के शरीर से सभी गहने उतार लिए, पूरा शिनाख्त कर लिया, पर लाख ढूँढ़ने पर भी गले की सिकड़ी नहीं मिल रही थी। वह रेलवे लाइन की पटरियों पर इधर-उधर बड़ी सावधानी से उसे ढूँढ़ रहे थे।

"क्या भड़ैती कर रहे है, यह देखिए यह रही आपकी सिकड़ी।" अम्मा की वह आवाज सुनकर मैं काँप उठा था। यहाँ है, यहाँ। शोभा ने इससे अपने दोनों पैर बाँध रखे हैं। सब लोग आश्चर्य से ताकते रहे थे। वाकई वह सिकड़ी दोनों पैरों को कसती हुई पिंडलियों को बुरी तरह जकड़े थी। मेरी आँखों के आगे सिकड़ी से बँधी ईंगुरी रंग की पिंडलियाँ आज भी तैर जाती हैं। तभी गाड़ी को फिर दचका लगा।

"अरे उठिए साहब, यह रहा रामबाग। यहीं उतरना है न आपको भी?"

"जी।"

"आप शायद अभी सुसाइड एक्सिडेन्ट पर सोच रहे है," वह मुस्कराते हुए बोले, "यह कोई आशनाई का मामला लगता है।"

मैं चुप रहा, वह प्लेटफार्म पर उतर गए।

"आशनाई का मामला!" मैं बुदबुदाया और अपना सामान बटोरने लगा।

निर्मल वर्मा

3 मई, 1929 को शिमला में जन्मे निर्मल वर्मा को मूर्तिदेवी पुरस्कार (1995), साहित्य अकादमी पुरस्कार (1985), उत्तर प्रदेश हिन्दी संस्थान पुरस्कार और ज्ञानपीठ पुरस्कार से सम्मानित किया जा चुका है। परिन्दे (1958) से प्रसिद्धि पाने वाले निर्मल वर्मा की कहानियाँ अभिव्यक्ति और शिल्प की दृष्टि से बेजोड़ समझी जाती हैं।

ब्रिटिश भारत सरकार के रक्षा विभाग में एक उच्च पदाधिकारी श्री नन्द कुमार वर्मा के घर जन्म लेने वाले आठ भाई बहनों में से पाँचवें निर्मल वर्मा की संवेदनात्मक बुनावट पर हिमाचल की पहाड़ी छायाएँ दूर तक पहचानी जा सकती हैं।

दिल्ली के सेंट स्टीवेंसन कॉलेज से इतिहास में एम.ए. करने के बाद कुछ दिनों तक उन्होंने अध्यापन किया। 1959 से प्राग (चेकोस्लोवाकिया) के प्राच्य विद्या संस्थान से सात वर्ष तक रहे। उसके बाद लन्दन में रहते हुए टाइम्स ऑफ इंडिया के लिए सांस्कृतिक रिपोर्टिंग की। 1972 में स्वदेश लौटे। 1977 में आयोवा विश्वविद्यालय (अमरीका) के इंटरनेशनल राइटर्स प्रोग्राम में हिस्सेदारी की। उनकी कहानी माया दर्पण पर फिल्म बनी जिसे 1973 का सर्वश्रेष्ठ हिन्दी फिल्म का पुरस्कार प्राप्त हुआ।

वे इंडियन इंस्टीट्यूट ऑफ एडवांस स्टडीज (शिमला) के फेलो (1973), निराला सृजनपीठ भोपाल (1981-83) और यशपाल सृजनपीठ (शिमला) के अध्यक्ष रहे (1989)।

1988 में इंग्लैंड के प्रकाशक रीडर्स इंटरनेशनल द्वारा उनकी कहानियों का संग्रह 'द वर्ल्ड एल्सव्हेयर' प्रकाशित। इसी समय बीबीसी द्वारा उनपर डाक्यूमेंट्री फिल्म प्रसारित।

प्रमुख कृतियाँ

उपन्यास : अन्तिम अरण्य, रात का रिपोर्टर, एक चिथड़ा सुख, लाल टीन की छत, वे दिन।

कहानी संग्रह : परिन्दे, कौवे और काला पानी, सूखा तथा अन्य कहानियाँ, बीच बहस में, जलती झाड़ी, पिछली गर्मियों में।

संस्मरण यात्रा वृत्तान्त : धुन्ध से उठती धुन, चीड़ों पर चाँदनी।

नाटक : तीन एकान्त।

निबन्ध : भारत और यूरोप, प्रतिभूति के क्षेत्र, शताब्दी के ढलते वर्षों से, कला का जोखिम, शब्द और स्मृति, ढलान से उतरते हुए।

निधन : 25 अक्तूबर, 2005।

परिंदे

अँधेरे कॉरीडोर में चलते हुए लतिका ठिठक गई। दीवार का सहारा लेकर उसने लैंप की बत्ती बढ़ा दी। सीढ़ियों पर उसकी छाया एक बेडौल कटी-फटी आकृति खींचने लगी। सात नम्बर कमरे से लड़कियों की बातचीत और हँसी-ठहाकों का स्वर अभी तक आ रहा था। लतिका ने दरवाज़ा खटखटाया। शोर अचानक बंद हो गया।

"कौन है?"

लतिका चुप खड़ी रही। कमरे में कुछ देर तक खुसर-पुसर होती रही, फिर दरवाज़े की चटखनी के खुलने का स्वर आया। लतिका कमरे की देहरी से आगे बढ़ी; लैंप की झपकती लौ में लड़कियों के चेहरे सिनेमा के परदे पर 'क्लोज-अप' की भाँति उभरने लगे।

"कमरे में अँधेरा क्यों कर रखा है?" लतिका के स्वर में हल्की-सी झिड़की का आभास था।

"लैंप में तेल ही खतम हो गया, मैडम!" यह सुधा का कमरा था, इसलिए उसे ही उत्तर देना पड़ा। होस्टल में शायद वह सबसे अधिक लोकप्रिय थी, क्योंकि सदा छुट्टी के समय या रात को डिनर के बाद आस-पास के कमरों में रहनेवाली लड़कियों का जमघट उसी के कमरे में लग जाता था। देर तक गप-शप, हँसी-मज़ाक चलता रहता।

"तेल के लिए करीमुद्दीन से क्यों नहीं कहा?"

"कितनी बार कहा, मैडम, लेकिन उसे याद रहे तब तो!"

कमरे में हँसी की फुहार एक कोने से दूसरे कोने तक फैल गई। लतिका के कमरे में आने से अनुशासन की जो घुटन घिर आई थी, वह अचानक बह गई। करीमुद्दीन होस्टल का नौकर था; उसके आलस और काम में टालमटोल करने की किस्से-कहानियाँ होस्टल की लड़कियों में पीढ़ी-दर-पीढ़ी चली आती थीं।

लतिका को हठात् कुछ स्मरण हो आया। अँधेरे में लैंप घुमाते हुए उसने चारों ओर निगाहें दौड़ाईं। कमरे में चारों ओर घेरा डालकर वे बैठी थीं—पास, पास, एक-दूसरे के समीप, एक-दूसरे से सटकर। सबके चेहरे परिचित थे किंतु लैंप के पीले मद्धिम

प्रकाश में जैसे कुछ बदल गया था, जैसे वह उन्हें पहली बार देख रही थी।

"जूली, अब तुम इस ब्लॉक में क्या रह रही हो?" जूली खिड़की के पास पलंग के सिरहाने पर बैठी थी। उसने चुपचाप आँखें नीची कर लीं। लैंप का प्रकाश चारों ओर से सिकुड़कर अब केवल उसके चेहरे पर गिर रहा था।

"नाइट-रजिस्टर पर दस्तख़त कर दिए?"

"हाँ, मैडम!"

"फिर...?" लतिका का स्वर कड़ा हो आया। जूली सकुचाकर खिड़की के बाहर देखने लगी।

जब से लतिका इस स्कूल में आई है, उसने अनुभव किया है कि होस्टल के इस नियम का पालन डाँट-फटकार के बावजूद भी नहीं किया जाता। नाइट-रजिस्टर पर दस्तखत करने के बाद अपना ब्लॉक छोड़ने पर कड़ी पाबंदी है, किंतु किसी-न-किसी बहाने से प्रत्येक लड़की इसका उल्लंघन करती है।

"मैडम, कल से छुट्टियाँ शुरू हो जाएँगी, इसलिए आज रात हम सबने मिलकर..." और सुधा पूरी बात न कहकर हेमन्ती की ओर देखते हुए मुस्कराने लगी।

"हेमन्ती के गाने का प्रोग्राम है, आप भी कुछ देर बैठिए न, मैडम!"

लतिका खिसियानी-सी हो आई। इस समय यहाँ आकर उसने इनके मज़े को किरकिरा कर दिया है।

इस छोटे-से हिल-स्टेशन पर रहते आज उसे अरसा हो गया, किंतु कब समय पतझड़ और गरमियों का घेरा पार करके सर्दियों की छुट्टियों की गोद में सिमट जाता है, उसे कभी याद नहीं रहता।

चोरों की तरह चुपचाप उसने अपने पाँव देहरी से बाहर कर लिए। उसके चेहरे का तनाव ढीला पड़ गया। वह मुस्कराने लगी।

"मेरे संग 'स्नो-फॉल' देखने कोई नहीं ठहरेगा?"

"मैडम, छुट्टियों में क्या आप घर नहीं जा रहीं?" सब लड़कियों की आँखें उस पर जम गईं।

"अभी कुछ पक्का नहीं है; आई लव द स्नो-फॉल!"

लतिका को लगा, यही बात उसने पिछले साल भी कही थी, और शायद पिछले-से पिछले साल भी। उसे लगा मानो लड़कियाँ उसे संदेह की दृष्टि से देख रही हैं, जैसे उन्होंने उसकी बात पर विश्वास नहीं किया। उसका सिर चकराने लगा, मानो बादलों का स्याह झुरमुट किसी अनजाने कोने से उठकर उसे अपने में डुबो लेगा। वह थोड़ा-सा हँसी, फिर धीरे से सिर को झटक दिया।

"जूली, तुमसे कुछ काम है, अपने ब्लॉक में जाने से पहले मुझसे मिल लेना। वेल, गुडनाइट!" लतिका ने अपने पीछे दरवाज़ा बंद कर दिया।

"गुडनाइट मैडम, गुडनाइट, गुडनाइट..."

कॉरीडोर की सीढ़ियाँ न उतरकर लतिका रेलिंग के सहारे खड़ी हो गई।

लैंप की बत्ती को नीचे घुमाकर कोने में रख दिया। बाहर धुंध की नीली तहें इतनी घनी हो चली थीं कि उन्हें चाकू से छीला जा सकता था। लॉन पर लगे हुए चीड़ के पत्तों की सरसराहट हवा के झोंकों के संग कभी तेज़, कभी धीमी होकर भीतर बह आती थी। हवा में कुनकुनी सरदी का आभास पाकर लतिका के मस्तिष्क में कल से आरंभ होनेवाली छुट्टियों का ध्यान भटक आया। उसने आँखें मूँद लीं। उसे लगा जैसे उसकी टाँगें बाँस की लकड़ियों-सी उसके शरीर से बँधी हैं, जिसकी गाँठें धीरे-धीरे खुलती जा रही हैं। सिर की चकराहट अभी मिटी नहीं थी, किंतु अब जैसे वह भीतर न होकर बाहर फैली धुंध का भाग बन गई थी।

सीढ़ियों पर बातचीत का स्वर सुनकर लतिका सोती हुई-सी जाग गई। शॉल को कंधों पर समेटकर उसने लैंप उठा लिया। डॉक्टर मुकर्जी मि. ह्यूबर्ट के संग एक अँग्रेज़ी धुन गुनगुनाते हुए ऊपर आ रहे थे। सीढ़ियों पर अँधेरा था, और ह्यूबर्ट को बार-बार अपनी छड़ी से रास्ता टटोलना पड़ता था। लतिका ने दो-चार सीढ़ियाँ उतरकर, लैंप नीचे झुका दिया।

"गुड ईवनिंग, डॉक्टर! गुड ईवनिंग, मिस्टर ह्यूबर्ट!"

"थैंक्यू, मिस लतिका!" ह्यूबर्ट के स्वर में कृतज्ञता का भाव था। सीढ़ियाँ चढ़ने से उसकी साँस तेज़ हो गई थी और वह दीवार से सटा हुआ हाँफ रहा था। लैंप के प्रकाश में उसके चेहरे का पीलापन ताम्रवर्णित हो आया था, जिन पर उभरी हुई हड्डियों का उतार-चढ़ाव अधिक तीखा-सा हो गया था।

"यहाँ अकेली क्या कर रही हो, मिस लतिका?" डॉक्टर ने होठों के भीतर से सीटी बजाई।

"चेकिंग करके लौट रही थी। आज इस समय ऊपर कैसे आना हुआ, मिस्टर ह्यूबर्ट?"

ह्यूबर्ट ने मुस्कराकर अपनी छड़ी डॉक्टर के कंधों से छुआ दी, "इनसे पूछो, यही मुझे ज़बरदस्ती घसीट लाए हैं।"

"मिस लतिका, हम आपको निमंत्रण देने आ रहे थे। आज रात मेरे कमरे में एक छोटा-सा 'कन्सर्ट' होगा, जिसमें मिस्टर ह्यूबर्ट शोपाँ और चेखोवस्की के कंपोज़ीशन बजाएँगे; फिर क्रीम-कॉफ़ी पी जाएगी। उसके बाद यदि समय रहा, तो पिछले साल हमने जो गुनाह किए हैं, उन्हें सब मिलकर 'कन्फैस' करेंगे।" डॉक्टर मुकर्जी के चेहरे पर शरारतभरी मुस्कान खिल गई।

"डॉक्टर, मुझे माफ़ करें, मेरी तबीयत कुछ ठीक नहीं है।"

"चलिए, यह ठीक रहा; फिर तो आप वैसे भी मेरे पास आतीं।" डॉक्टर ने धीरे से लतिका के कंधे को पकड़कर अपने कमरे की ओर मोड़ दिया।

डॉक्टर मुकर्जी का कमरा ब्लॉक के दूसरे सिरे पर टैरेस से जुड़ा हुआ था। वह

आधे बर्मी थे, जिसके चिह्न उनकी तनिक दबी हुई नाक और छोटी-छोटी चंचल आँखों से लक्षित हो जाते थे। बर्मा पर जापानियों का आक्रमण होने पर वह यहाँ, इस छोटे-से पहाड़ी शहर में, आ बसे थे। प्राइवेट प्रैक्टिस के अलावा वह कॉन्वेंट स्कूल में हाइजीन-फिज़ियॉलोजी भी पढ़ाया करते थे, जिसके परिणामस्वरूप स्कूल के होस्टल में ही उन्हें एक कमरा मुफ्त रहने के लिए दे दिया गया था। कुछ लोगों का कहना है कि बर्मा से आते हुए रास्ते में उनकी पत्नी की मृत्यु हो गई थी, किंतु इस संबंध में निश्चित रूप से कुछ नहीं कहा जा सकता, क्योंकि डॉक्टर स्वयं कभी अपनी पत्नी की चर्चा नहीं उठाते।

बातों के दौरान में डॉक्टर अक्सर कहा करते, ''मरने से पहले मैं एक दफ़ा बर्मा ज़रूर जाऊँगा।'' एक क्षण के लिए उनकी आँखों में गीली-सी नमी छा जाती। लतिका चाहने पर भी उनसे कुछ नहीं पूछ पाती। उसे लगता डॉक्टर नहीं चाहते कि कोई उनके अतीत के संबंध में प्रश्न पूछे, उनसे सहानुभूति प्रकट करे। दूसरे ही क्षण अपनी गंभीरता को दूर ठेलते हुए वह हँस पड़ते–एक सूखी सिनिकल हँसी...

''होम-सिकनैस ही एक ऐसी बीमारी है, जिसका इलाज करना किसी डॉक्टर के वश की बात नहीं।''

टैरेस पर मेज़-कुर्सियाँ बिछा दी गईं; भीतर कमरे में पर्कुलेटर में कॉफ़ी का पानी चढ़ा दिया गया।

''सुना है, अगले दो-तीन वर्षों में यहाँ पर बिजली का इंतज़ाम हो जाएगा,'' डॉक्टर ने स्पिरिट लैंप जलाते हुए कहा।

''यह बात तो पिछले दस सालों से सुनने में आ रही है। कहते हैं अँग्रेज़ों ने एक लंबी-चौड़ी स्कीम बनाई थी, पता नहीं उसका क्या हुआ?'' ह्यूबर्ट आरामकुर्सी पर अधलेटा-सा लॉन की ओर देख रहा था।

लतिका कमरे में से दो मोमबत्तियाँ ले आई। मेज़ के दोनों सिरों पर टिकाकर उन्हें जला दिया गया। टैरेस का अँधेरा फीके पीले प्रकाश के दायरे के इर्द-गिर्द सिमटने लगा। एक घनी नीरवता चारों ओर घिरने लगी। हवा में चीड़ के वृक्षों की सायँ-सायँ दूर-दूर तक फैली पहाड़ियों, घाटियों में अजीब-सी सीटियों की गूँज छोड़ती जा रही थी।

''इस बार शायद बरफ़ जल्दी गिरेगी : अभी से हवा में सरद खुश्की-सी महसूस होती है।'' डॉक्टर का सिगार अँधेरे में लाल बिंदी-सा चमक रहा था।

''पता नहीं, मिस वुड को स्पेशल सर्विस का गोरखधंधा क्यों पसंद आता है! छुट्टियों में घर जाने से पहले क्या यह ज़रूरी है कि लड़कियाँ फ़ादर एलमण्ड का 'सरमन' सुनें?'' ह्यूबर्ट ने कहा।

''पिछले पाँच साल से मैं सुनता आ रहा हूँ, फ़ादर एलमण्ड के सरमन में कहीं हेर-फेर नहीं होता।'' डॉक्टर को फ़ादर एलमण्ड एक आँख नहीं सुहाते थे।

लतिका कुरसी पर आगे झुककर प्यालों में कॉफ़ी उँड़ेलने लगी। हर साल स्कूल बंद होने के दिन यही दो प्रोग्राम होते हैं—चैपल में स्पेशल सर्विस और उसके बाद दिन में पिकनिक। लतिका को याद आया पहला साल, जब वह डॉक्टर के संग पिकनिक के बाद क्लब गई थी। डॉक्टर बार में बैठे थे, बार-रूम कुमाऊँ रेजीमेंट के अफ़सरों से भरा हुआ था। कुछ देर तक विलियर्ड का खेल देखने के बाद जब वह वापस बार की ओर लौट रही थी, तब उसने दायीं ओर क्लब की लाइब्रेरी में देखा...किंतु उसी समय डॉक्टर मुकर्जी पीछे से आ गए थे, "मिस लतिका, यह मेजर गिरीश नेगी हैं।" विलियर्ड-रूम से आते हुए हँसी-ठहाकों के नीचे वह नाम दब-सा गया था। वह किसी पुस्तक के बीच अँगुली रखकर लाइब्रेरी की खिड़की के बाहर देख रहा था। "हलो, डॉक्टर!" वह पीछे मुड़ा, तब उस क्षण...

उस क्षण न जाने क्यों, लतिका का हाथ काँप गया और कॉफ़ी की कुछ गरम बूँदें उसकी साड़ी पर छलक आईं। अँधेरे में किसी ने नहीं देखा कि लतिका के चेहरे पर एक उनींदा-सा रीतापन घिर आया है।

हवा के झोंके से मोमबत्तियों की लौ फड़कने लगी। टैरेस के ऊपर काठगोदाम जानेवाली सड़क पर यू.पी. रोडवेज़ की आख़िरी बस डाक लेकर जा रही थी। बस की हैडलाइट्स में आस-पास फैली हुई झाड़ियों की छायाएँ टैरेस की दीवार पर सरकती हुई गायब होने लगीं।

"मिस लतिका, आप इस साल भी छुट्टियों में यहीं रहेंगी?" डॉक्टर ने पूछा।

डॉक्टर का प्रश्न हवा में टँगा रहा। उसी क्षण पियानो पर शोपाँ का नॉक्टर्न ह्यूबर्ट की अँगुलियों के नीचे से फिसलता हुआ धीरे-धीरे टैरेस के अँधेरे में घुलने लगा, जैसे जल पर कोमल स्वप्निल ऊर्मियाँ भँवरों का झिलमिलाता जाल बुनती हुई फैलती जा रही हैं—दूर-दूर किनारों तक। लतिका को लगा, जैसे कहीं बहुत दूर बरफ़ की चोटियों से परिंदों के झुंड नीचे अनजान देशों की ओर उड़े जा रहे हैं। इन दिनों अक्सर उसने अपने कमरे की खिड़की से उन्हें देखा है—धागे में बँधे चमकीले लट्टुओं की तरह वे एक लंबी टेढ़ी-मेढ़ी कतार में उड़े जाते हैं—पहाड़ों की सुनसान नीरवता से परे, उन विचित्र शहरों की ओर, जहाँ शायद वह कभी जाएगी।

लतिका आर्म-चेयर पर झुकती हुई ऊँघने लगी। डॉक्टर मुकर्जी का सिगार अँधेरे में चुपचाप जल रहा था। डॉक्टर को आश्चर्य हुआ कि लतिका न जाने क्या सोच रही है। लतिका सोच रही थी, क्या वह बूढ़ी होती जा रही है। उसके सामने स्कूल की प्रिंसिपल मिस वुड का चेहरा घूम गया—पोपला मुँह, आँखों के नीचे झूलती हुई मांस की थैलियाँ, ज़रा-ज़रा-सी बात पर चिढ़ जाना, कर्कश आवाज़ में चीख़ना। सब उसे 'ओल्ड मेड' कहकर पुकारते हैं...कुछ वर्षों बाद वह भी हूबहू वैसी ही बन जाएगी, लतिका के समूचे शरीर में झुरझुरी-सी दौड़ गई, मानो अनजाने में उसने किसी गलीज़ वस्तु को छू लिया हो। उसे याद आया, कुछ महीने पहले अचानक

उसे ह्यूबर्ट का प्रेम-पत्र मिला था—भावुक याचना से भरा हुआ पत्र, जिसमें उसने न जाने क्या कुछ लिखा था, जो उसकी समझ में कभी नहीं आया। उसे ह्यूबर्ट की इस बचकाना हरक़त पर हँसी आई थी, किंतु भीतर-ही-भीतर उसे प्रसन्नता भी हुई थी; उसकी उम्र अभी बीती नहीं है, अब भी वह दूसरों को अपनी ओर आकर्षित कर सकती है। ह्यूबर्ट का पत्र पढ़कर उसे क्रोध नहीं आया, आई थी केवल ममता। वह चाहती तो उसकी ग़लतफ़हमी को दूर करने में देर न लगती, किंतु कोई शक्ति उसे रोके रहती है, उसके कारण अपने पर विश्वास रहता है, अपने सुख का भ्रम मानो ह्यूबर्ट की ग़लतफ़हमी से जुड़ा है...

ह्यूबर्ट ही क्यों, वह क्या किसी को भी चाह सकेगी, उस अनुभूति के संग, जो अब नहीं रही, जो छाया-सी उस पर मँडराती रहती है; न स्वयं मिटती है, न उसे मुक्ति दे पाती है। उसे लगा, जैसे बादलों का झुरमुट फिर उसके मस्तिष्क पर धीरे-धीरे छाने लगा है, उसकी टाँगें फिर निर्जीव शिथिल-सी हो गई हैं।

वह झटके से उठ खड़ी हुई, ''डॉक्टर, मुझे माफ़ करना, मुझे बहुत थकान-सी लग रही है...'' बिना वाक्य पूरा किए हुए लतिका चली गई।

कुछ देर तक टैरेस पर निस्तब्धता छाई रही। मोमबत्तियाँ बुझने लगी थीं। डॉ. मुकर्जी ने सिगार का नया कश लिया, ''सब लड़कियाँ एक-जैसी ही होती हैं—बेवकूफ़ और सेंटीमेंटल!''

ह्यूबर्ट की अँगुलियों का दबाव पियानो पर ढीला पड़ता गया; अंतिम सुरों की झिझकी-सी गूँज कुछ क्षण तक हवा में तिरती रही।

''डॉक्टर, आपको कुछ मालूम है, मिस लतिका का व्यवहार पिछले कुछ अरसे से अजीब-सा लगता है!'' ह्यूबर्ट के स्वर में लापरवाही का भाव था। वह नहीं चाहता था कि डॉक्टर को लतिका के प्रति उसकी भावनाओं का आभास-मात्र भी मिल सके। जिस कोमल अनुभूति को यह इतने समय से सँजोता आया है, डॉक्टर उसे हँसी के एक ही ठहाके में उपहासास्पद बना देगा।

''क्या तुम नियति में विश्वास करते हो, ह्यूबर्ट?'' डॉक्टर ने कहा। ह्यूबर्ट दम रोके प्रतीक्षा करता रहा। वह जानता था कि कोई भी बात कहने से पहले डॉक्टर को फिलॉसोफाइज़ करने की आदत थी। डॉक्टर टैरेस के जंगले से सटकर खड़े हो गए। फीकी-सी चाँदनी में चीड़ के पेड़ों की छायाएँ लॉन पर गिर रही थीं। कभी-कभी कोई जुगनू अँधेरे में हरा प्रकाश छिड़कता हुआ हवा में ग़ायब हो जाता था।

''मैं कभी-कभी सोचता हूँ, इंसान ज़िंदा किसलिए रहता है! क्या उसे कोई और बेहतर काम करने को नहीं मिला? हज़ारों मील अपने मुल्क़ से दूर मैं यहाँ पड़ा हूँ; यहाँ कौन मुझे जानता है! यहीं शायद मर भी जाऊँ। ह्यूबर्ट, क्या तुमने कभी महसूस किया है कि एक अजनबी की हैसियत से परायी जमीन पर मर जाना काफ़ी खौफनाक बात है।''

ह्यूबर्ट विस्मित-सा डॉक्टर की ओर देखने लगा। उसने पहली बार डॉक्टर मुकर्जी के इस पहलू को देखा था। अपने संबंध में वह अक्सर चुप रहता था।

"कोई पीछे नहीं है, यह बात मुझमें एक अजीब किस्म की बेफिक्री पैदा कर देती है। लेकिन कुछ लोगों की मौत अंत तक पहेली बनी रही है; शायद वे ज़िंदगी से बहुत उम्मीद लगाते थे। उसे ट्रैजिक भी नहीं कहा जा सकता, क्योंकि आख़िरी दम तक उन्हें मरने का अहसास नहीं होता।"

"डॉक्टर, आप किसका ज़िक्र कर रहे हैं?" ह्यूबर्ट ने परेशान होकर पूछा।

डॉक्टर कुछ देर तक चुपचाप सिगार पीते रहे। फिर मुड़कर वह मोमबत्तियों की बुझती हुई लौ को देखने लगे।

"तुम्हें मालूम है, किसी समय लतिका बेनागा क्लब जाया करती थी? गिरीश नेगी से उसका परिचय वहीं हुआ था। कश्मीर जाने से एक रात पहले उसने मुझे सब कुछ बता दिया था। मैं अब तक लतिका से उस मुलाकात के बारे में कुछ नहीं कह सका हूँ। किंतु उस रात कौन जानता था कि वह वापस नहीं लौटेगा। और अब...अब क्या फर्क पड़ता है। लैट द डैड डाई..."

डॉक्टर की सूखी सरद हँसी में खोखली-सी शून्यता भरी थी।

"कौन गिरीश नेगी?"

"कुमाऊँ रेजीमेंट में कैप्टेन था।"

"डॉक्टर, क्या लतिका..." ह्यूबर्ट से आगे कुछ नहीं कहा गया। उसे याद आया वह पत्र, जो उसने लतिका को भेजा था—कितना अर्थहीन और उपहासास्पद, जैसे उसका एक-एक शब्द उसके दिल को कचोट रहा हो। उसने धीरे से पियानो पर सिर टिका लिया। लतिका ने उसे क्यों नहीं बताया? क्या वह इसके योग्य भी नहीं था?

"लतिका...वह तो बच्ची है, पागल! मरनेवाले के संग खुद थोड़े ही मरा जाता है!"

कुछ देर चुप रहकर डॉक्टर ने अपने प्रश्न को फिर दुहराया।

"लेकिन ह्यूबर्ट, क्या तुम नियति पर विश्वास करते हो?"

हवा के हल्के झोंके से मोमबत्तियाँ एक बार प्रज्वलित होकर बुझ गईं। टैरेस पर ह्यूबर्ट और डॉक्टर अँधेरे में एक-दूसरे का चेहरा नहीं देख पा रहे थे, फिर भी वे एक-दूसरे की ओर देख रहे थे। कॉन्वेंट स्कूल से कुछ दूर 'मीडोज़' में बहते पहाड़ी नाले का स्वर आ रहा था। जब बहुत देर बाद कुमाऊँ रेजीमेंटल सेंटर का बिगुल सुनाई दिया, तो ह्यूबर्ट हड़बड़ाकर खड़ा हो गया।

"अच्छा चलता हूँ डॉक्टर, गुडनाइट!"

"गुडनाइट ह्यूबर्ट, माफ़ करना, मैं सिगार खत्म करके उठूँगा।"

सुबह बदली छाई थी। लतिका के खिड़की खोलते ही धुंध का गुब्बारा-सा भीतर

घुस आया, जैसे रात-भर दीवार के सहारे सरदी में ठिठुरता हुआ वह भीतर आने की प्रतीक्षा करता रहा हो। स्कूल से ऊपर चैपल जानेवाली सड़क बादलों में छिप गई थी, केवल चैपल का 'क्रॉस' धुंध के परदे पर एक-दूसरे को काटती हुई पेंसिल की रेखाओं-सा दिखाई दे जाता था।

लतिका ने खिड़की से आँखें हटाईं तो देखा कि करीमुद्दीन चाय की ट्रे लिए खड़ा है। करीमुद्दीन मिलिटरी में अर्दली रह चुका था, इसलिए ट्रे मेज़ पर रखकर 'अटेन्शन' की मुद्रा में खड़ा हो गया।

लतिका झटके से उठ बैठी। सुबह से आलस करके कितनी बार जागकर वह सो चुकी है। अपनी खिसियाहट मिटाने के लिए लतिका ने कहा, "बड़ी सरदी है आज, बिस्तर छोड़ने को जी नहीं चाहता।"

"अजी मेम साहब, अभी क्या सरदी आई है, बड़े दिनों में देखना, कैसे दाँत कटकटाते हैं!" और करीमुद्दीन अपने हाथों को बगलों में डाले हुए इस तरह सिकुड़ गया जैसे उन दिनों की कल्पना-मात्र से उसे जाड़ा लगना शुरू हो गया है। गंजे सिर पर दोनों तरफ के बाल खिजाब लगाने से कत्थई रंग के भूरे हो गए थे। बात चाहे किसी विषय पर हो रही हो, वह हमेशा खींच-तानकर उसे ऐसे क्षेत्र में घसीट लाता था, जहाँ वह बेझिझक अपने विचारों को प्रकट कर सके।

"एक दफ़ा तो यहाँ लगातार इतनी बरफ़ गिरी थी कि भवाली से लेकर डाक बँगले तक सारी सड़कें जाम हो गईं। इतनी बरफ़ थी मेम साहब, कि पेड़ों की टहनियाँ तक सिकुड़कर तनों से लिपट गई थीं, बिलकुल ऐसे।" और करीमुद्दीन नीचे झुककर मुर्गा बन गया।

"कब की बात है?" लतिका ने पूछा।

"अब यह तो जोड़-हिसाब करके ही पता चलेगा, मेम साहब, लेकिन इतना याद है कि उस वक्त अंग्रेज बहादुर यहीं थे। कंटोनमेंट की इमारत पर कौमी झंडा नहीं लगा था। बड़े जबर थे ये अंग्रेज़, दो घंटों में सारी सड़कें साफ़ करवा दीं। उन दिनों एक सीटी बजाने से पचास घोड़ेवाले जमा हो जाते थे; अब सारे शैड खाली पड़े हैं। वे लोग अपनी ख़िदमत भी करवाना जानते थे; अब तो सब उज़ाड़ हो गया है।" करीमुद्दीन उदास भाव से बाहर देखने लगा।

आज यह पहली बार नहीं है जब लतिका करीमुद्दीन से उन दिनों की बातें सुन रही है जब 'अंग्रेज बहादुर' ने इस स्थान को स्वर्ग बना रखा था।

"आप छुट्टियों में इस साल भी यहीं रहेंगी, मेम साहब?"

"दिखता तो कुछ ऐसा ही है, करीमुद्दीन, तुम्हें फिर तंग होना पड़ेगा।"

"क्या कहती हैं, मेम साहब! आपके रहने से हमारा भी मन लग जाता है, वरना छुट्टियों में तो यहाँ कुत्ते लोटते हैं।"

"तुम आज ज़रा मिस्त्री से कह देना कि इस कमरे की छत की मरम्मत कर

जाए। पिछले साल बरफ़ का पानी दरारों से टपकता रहता था।'' लतिका को याद आया, पिछली सरदियों में जब कभी बरफ़ गिरती थी, उसे पानी से बचने के लिए रात-भर कमरे के कोने में सिमटकर सोना पड़ता था।

करीमुद्दीन चाय की ट्रे उठाता हुआ बोला, ''ह्यूबर्ट सा'ब तो शायद कल ही चले जाएँ। कल रात उनकी तबीयत फिर ख़राब हो गई। आधी रात के वक्त मुझे जगाने आए थे। कहते थे छाती में तकलीफ़ है। उन्हें यह मौसम नहीं सुहाता। कह रहे थे, लड़कियों की बस में वह भी कल ही चले जाएँगे।''

करीमुद्दीन दरवाज़ा बंद करके चला गया। लतिका की इच्छा हुई कि वह ह्यूबर्ट के कमरे में जाकर उसकी तबीयत की पूछताछ कर आए। किंतु फिर न जाने क्यों स्लीपर पैरों में टँगे रहे और वह खिड़की के बाहर बादलों को उड़ता हुआ देखती रही। ह्यूबर्ट का चेहरा उसे देखकर जिस तरह सहमा-सा दयनीय हो जाता है, तब उसे लगता है कि वह अपनी मूक निरीह याचना में उसे कोस रहा है—न वह उसकी ग़लतफ़हमी को दूर करने का प्रयत्न कर पाती है, न उसे अपनी विवशता की सफ़ाई देने का साहस होता है। उसे लगता है कि इस जाल से बाहर निकलने के लिए वह धागे के जिस सिरे को पकड़ती है, वह खुद एक गाँठ बनकर रह जाता है।

बाहर बूँदाबाँदी होने लगी थी; कमरे की टीन की छत 'खट-खट' बोलने लगी। लतिका पलंग से उठ खड़ी हुई; बिस्तर को तहाकर बिछाया। फिर पैरों में स्लीपरों को घसीटते हुए वह बड़े आईने तक आई और उसके सामने स्टूल पर बैठकर बालों को खोलने लगी। किंतु कुछ देर तक कंघी बालों में उलझी रही और वह गुमसुम-सी शीशे में अपना चेहरा ताकती रही। करीमुद्दीन को यह कहना याद ही नहीं रहा कि धीरे-धीरे आग जलाने की लकड़ियाँ जमा कर ले। इन दिनों सस्ते दामों पर सूखी लकड़ियाँ मिल जाती हैं। पिछले साल तो कमरा धुएँ से भर जाता था जिसके कारण कँपकँपाते जाड़े में भी उसे खिड़की खोलकर ही सोना पड़ता था।

आईने में लतिका ने अपना चेहरा देखा, वह मुस्करा रही थी। पिछले साल अपने कमरे की सीलन और ठंड से बचने के लिए कभी-कभी वह मिस वुड के खाली कमरे में चोरी-चुपके सोने चली जाया करती थी। मिस वुड का कमरा बिना आग की तपन के भी गरम रहता था; उसके गदीले सोफ़े पर लेटते ही आँख लग जाती थी। कमरा छुट्टियों में खाली पड़ा रहता है, किंतु मिस वुड से इतना नहीं होता कि दो महीनों के लिए उसके हवाले ही कर जाए। हर साल कमरे का ताला ठोंक जाती है। वह तो पिछले साल गुसलखाने में भीतर की साँकल देना भूल गई थी, जिसे लतिका चोर-दरवाज़े के रूप में इस्तेमाल करती रही थी।

पहले साल अकेले में उसे बड़ा डर-सा लगता था। छुट्टियों में सारे स्कूल और होस्टल के कमरे साँयँ-साँयँ करने लगते हैं। डर के मारे उसे जब कभी नींद नहीं आती थी, तब वह करीमुद्दीन को देर रात तक बातों में उलझाये रखती। बातों में

जब खोयी-सी वह सो जाती, तब करीमुद्दीन चुपचाप लैंप बुझाकर चला जाता। कभी-कभी बीमारी का बहाना करके वह डॉक्टर को बुलवा भेजती थी, और बाद में बहुत ज़िद करके दूसरे कमरे में उनका बिस्तर लगवा देती।

लतिका ने कंधे से बालों का गुच्छा निकाला और उसे बाहर फेंकने के लिए वह खिड़की के पास आ खड़ी हुई। बाहर छत की ढलान से बारिश के जल की मोटी-सी धार बराबर लॉन पर गिर रही थी। मेघाच्छन्न आकाश में सरकते हुए बादलों के पीछे पहाड़ियों के झुंड कभी उभर आते थे, कभी छिप जाते थे, मानो चलती हुई ट्रेन से कोई उन्हें देख रहा हो। लतिका ने खिड़की से सिर बाहर निकाल लिया। हवा के झोंके से उसकी आँखें झिप गईं। उसे जितने काम याद आते हैं, उतना ही आलस घना होता जाता है। बस की सीटें रिज़र्व करवाने के लिए चपरासी को रुपए देने हैं। जो सामान होस्टल की लड़कियाँ पीछे छोड़ जा रही हैं, उसे गोदाम में रखवाना होगा। कभी-कभी तो छोटी क्लास की लड़कियों को पैकिंग करवाने के काम में भी हाथ बँटाना पड़ता था।

वह इन कामों से ऊबती नहीं। धीरे-धीरे सब निपटते जाते हैं, कोई ग़लती इधर-उधर रह जाती है, सो बाद में सुधर जाती है। हर काम में किच-किच रहती है, परेशानी और दिक्कत महसूस होती है, किंतु देर-सवेर इससे छुटकारा मिल ही जाता है। किंतु जब लड़कियों की आखिरी बस चली जाती है, तब मन उचाट-सा हो जाता है; खाली कॉरीडोर में घूमती हुई वह कभी इस कमरे में जाती है, कभी उसमें। वह नहीं जान पाती कि अपने से क्या करे। दिल कहीं भी टिक नहीं पाता, हमेशा भटका-भटका-सा रहता है।

इस सबके बावजूद जब कोई सहज भाव से उससे पूछ बैठता है, ''मिस लतिका, छुट्टियों में आप घर नहीं जा रहीं?'' तब...तब वह क्या कहे?

डिंग-डांग-डिंग...स्पेशल सर्विस के लिए स्कूल चैपल के घंटे बजने लगे थे। लतिका ने अपना सिर खिड़की के भीतर कर लिया। उसने झटपट साड़ी उतारी, और पेटीकोट में ही कंधे पर तौलिया डाले गुसलखाने में घुस गई।

लेफ्ट राइट...लेफ्ट...लेफ्ट...

कंटोनमेंट जानेवाली पक्की सड़क पर चार-चार की पंक्ति में कुमाऊँ रेजीमेंट के सिपाहियों की एक टुकड़ी मार्च कर रही थी। फौजी बूटों की भारी खुरदरी आवाज़ें स्कूल चैपल की दीवारों से टकराकर भीतर 'प्रेयर-हॉल' में गूँज रही थीं।

''ब्लेसिड आर द मीक,'' फ़ादर एलमण्ड एक-एक शब्द चबाते हुए खँखारते स्वर में 'सर्मन ऑफ़ द माउंट' पढ़ रहे थे। ईसा मसीह की मूर्ति के नीचे 'कैंडलब्रियम' के दोनों ओर मोमबत्तियाँ जल रही थीं, जिनका प्रकाश आगे बेंचों पर बैठी हुई लड़कियों पर पड़ रहा था। पिछली लाइनों के बेंच अँधेरे में डूबे हुए थे, जहाँ लड़कियाँ प्रार्थना की मुद्रा में बैठी हुई सिर झुकाए एक-दूसरे से खुसर-पुसर कर रही थीं। मिस वुड

स्कूल सीज़न के सफलतापूर्वक समाप्त हो जाने पर विद्यार्थियों और स्टाफ़ सदस्यों को बधाई का भाषण दे चुकी थी, और अब फ़ादर के पीछे बैठी हुई अपने में ही कुछ बुड़बुड़ा रही थी, मानो धीरे-धीरे फ़ादर को 'प्रॉम्प्ट' कर रही हो।

"आमीन!" फ़ादर एलमण्ड ने बाइबिल मेज़ पर रख दी और 'प्रेयर-बुक' उठा ली। हॉल की खामोशी क्षणभर के लिए टूट गई। लड़कियों ने खड़े होते हुए जान-बूझकर बेंचों को पीछे धकेला; बेंच फर्श पर रगड़ खाते सीटी बजाते हुए पीछे खिसक गए। हॉल के कोने से हँसी फूट पड़ी। मिस वुड का चेहरा तन गया, माथे पर भृकुटियाँ चढ़ गईं। फिर अचानक निस्तब्धता छा गई; हॉल के उस घुटे हुए धुँधलके में फ़ादर का तीख़ा फटा हुआ स्वर सुनाई देने लगा, "जीसस सेड आई एम द लाइट ऑफ़ द वर्ल्ड। ही दैट फॉलोअथ मी शैल नॉट वॉक इन डार्कनेस, बट शैल हैव द लाइट ऑफ लाइफ़..."

डॉक्टर मुकर्जी ने ऊब और उकताहट से भरी जम्हाई ली। "कब यह क़िस्सा ख़त्म होगा?" उन्होंने इतने ऊँचे स्वर में लतिका से पूछा कि वह सकुचाकर दूसरी ओर देखने लगी। स्पेशल सर्विस के समय डॉक्टर मुकर्जी के होठों पर व्यंग्यात्मक मुस्कान खेलती रहती थी और वह धीरे-धीरे अपनी मूँछों को खींचते रहते थे।

फ़ादर एलमण्ड की वेशभूषा देखकर लतिका के दिल में गुदगुदी-सी दौड़ गई। जब वह छोटी थी तो अक्सर यह बात सोचकर विस्मित हुआ करती थी कि क्या पादरी लोग सफ़ेद चोगे के नीचे कुछ नहीं पहनते; अगर धोखे से वह ऊपर उठ जाए तो?

लेफ़्ट...लेफ़्ट...लेफ़्ट, मार्च करते हुए फ़ौजी बूट चैपल से दूर होते जा रहे थे, केवल उनकी गूँज हवा में शेष रह गई थी।

"हिम नंबर 117," फ़ादर ने प्रार्थना-पुस्तक खोलते हुए कहा। हॉल में प्रत्येक लड़की ने डेस्क पर रखी हुई हिम-बुक खोल ली। पन्नों के उलटने की खड़खड़ाहट फिसलती हुई एक सिरे से दूसरे सिरे तक फैल गई।

आगे के बेंच से उठकर ह्यूबर्ट पियानो के सामने स्टूल पर बैठ गया। संगीत-शिक्षक होने के कारण हर साल स्पेशल-सर्विस के अवसर पर उसे 'कॉयर' के संग पियानो बजाना पड़ता था। ह्यूबर्ट ने अपने रूमाल से नाक साफ़ की। अपनी घबराहट छिपाने के लिए ह्यूबर्ट हमेशा ऐसे ही किया करता था। कनखियों से हॉल की ओर देखते हुए उसने अपने काँपते हाथों से हिम-बुक खोली।

लीड काइंडली लाइट...

पियानो के सुर दबे, झिझकते-से मिलने लगे। घने बालों से ढँकी ह्यूबर्ट की लंबी, पीली अँगुलियाँ खुलने-सिमटने लगीं। 'कॉयर' में गानेवाली लड़कियों के स्वर एक-दूसरे से गुँथकर कोमल, स्निग्ध लहरों में बिंध गए।

लतिका को लगा, उसका जूड़ा ढीला पड़ गया है, मानो गरदन के नीचे झूल

रहा है। मिस वुड की आँख बचाकर लतिका ने चुपचाप बालों में लगे क्लिपों को कसकर खींच दिया।

"बड़ा झक्की आदमी है, सुबह मैंने ह्यूबर्ट को यहाँ आने से मना किया था, फिर भी चला आया!" डॉक्टर ने कहा।

लतिका को करीमुद्दीन की बात याद हो आई। 'रात-भर ह्यूबर्ट को खाँसी का दौरा पड़ा था कल जाने के लिए कह रहे थे'...लतिका ने सिर टेढ़ा करके ह्यूबर्ट के चेहरे की एक झलक पाने की विफल चेष्टा की। इतनी पीछे से कुछ भी देख पाना असंभव था; पियानो पर झुके हुए ह्यूबर्ट का केवल सिर दिखाई देता था।

लीड काइंडली लाइट...संगीत के सुर मानो एक ऊँची पहाड़ी पर चढ़कर हाँफती हुई साँसों को आकाश की अबाध शून्यता में बिखेरते हुए नीचे उतर रहे हैं। बारिश की मुलायम धूप चैपल के लंबे चौकोर शीशों पर झिलमिला रही है, जिसकी एक महीन चमकीली रेखा ईसा मसीह की प्रतिमा पर तिरछी होकर गिर रही है। मोमबत्तियों का धुआँ धूप में नीली-सी लकीर खींचता हुआ हवा में तिरने लगा है। पियानो के क्षणिक 'पॉज़' में लतिका को पत्तों का परिचित मर्मर कहीं दूर अनजानी दिशा से आता हुआ सुनाई दे जाता है। एक क्षण के लिए उसे भ्रम हुआ कि चैपल का फीका-सा अँधेरा उस छोटे से 'प्रेयर-हॉल' के चारों कोनों से सिमटता हुआ उसके आस-पास घिर आया है, मानो कोई उसकी आँखों पर पट्टी बाँधकर यहाँ तक ले आया हो और अचानक उसकी आँखें खोल दी हों। उसे लगा जैसे मोमबत्तियों के धूमिल आलोक में कुछ भी ठोस, वास्तविक न रहा हो; चैपल की छत, दीवारें, डेस्क पर रखा हुआ डॉक्टर का सुघड़, सुडौल हाथ, पियानो के सुर अतीत की धुंध को भेदते हुए स्वयं उस धुंध का भाग बनते जा रहे हैं...

एक पगली-सी स्मृति, एक उद्भ्रांत भावना चैपल के शीशों के परे पहाड़ी सूरवी हवा में झुकी हुई वीपिंग विलोज़ की काँपती टहनियाँ, पैरों-तले चीड़ के पत्तों की धीमी-सी चिर-परिचित खड़-खड़...वहीं पर गिरीश एक हाथ में मिलिटरी का खाकी हैट लिये खड़ा है—चौड़े, उठे हुए सबल कंधे, अपना सिर वहाँ टिका दो तो जैसे सिमटकर खो जाएगा...चार्ल्स वोअर, यह नाम उसने रखा था। वह झेंपकर हँसने लगता। "तुम्हें आर्मी में किसने चुन लिया, मेजर बन गए हो, लेकिन लड़कियों से भी गए-बीते हो; ज़रा-ज़रा-सी बात पर चेहरा लाल हो जाता है।" यह सब वह कहती नहीं, सिर्फ़ सोचती-भर थी। सोचा था, कभी कहूँगी; वह 'कभी' कभी नहीं आया।

बुरुँस का लाल फूल!

"लाए हो?"

"न।"

"झूठे!"

ख़ाकी कमीज़ की जिस जेब पर बैज चिपके थे, उसी में से मुसा हुआ बुरुँस

का फूल निकल आया।

"छिः, सारा मुरझा गया।"

"अभी खिला कहाँ है?"

"हाऊ क्लम्ज़ी?"

उसके बालों में गिरीश का हाथ उलझ रहा है। फूल कहीं टिक नहीं पाता। फिर उसे क्लिप के नीचे फँसाकर उसने कहा, "देखो।"

वह मुड़ी, इससे पहले कि वह कुछ कह पाती गिरीश ने अपना मिलिटरी का हैट धप्प से उसके सिर पर रख दिया। वह मंत्रमुग्ध-सी वैसे ही खड़ी रही। उसके सिर पर गिरीश का हैट है, माथे पर छोटी-सी बिंदी है। बिंदी पर उड़ते हुए बाल हैं। गिरीश ने उस बिंदी को अपने होंठों से छुआ है; उसने उसके नंगे सिर को अपने दोनों हाथों में समेट लिया है।

"लतिका!"

"बोलो नहीं!"

गिरीश ने चिढ़ाते हुए कहा, "मैन-ईटर ऑफ़ कुमाओ!" उसका यह नाम गिरीश ने उसे चिढ़ाने के लिए रखा था। वह हँसने लगी।

"लतिका, सुनो," गिरीश का स्वर कैसा हो गया था।

"ना! मैं कुछ भी नहीं सुन रही।"

"लतिका, मैं कुछ महीनों में वापस लौट आऊँगा!"

"ना! मैं कुछ भी नहीं सुन रही।" किंतु वह सुन रही है—वह नहीं जो गिरीश कह रहा है, किंतु वह जो नहीं कहा जा रहा, जो उसके बाद कभी नहीं कहा गया।

लीड काइंडली लाइट...

लड़कियों का स्वर पियानो के सुरों में डूबा हुआ गिर रहा है, उठ रहा है। ह्यूबर्ट ने सिर मोड़कर लतिका को निमिष-भर देखा—आँखें मूँदे ध्यान-मग्ना प्रस्तर मूर्ति-सी वह स्थिर निश्चल खड़ी थी। क्या यह भाव उसके लिए है? क्या लतिका ने ऐसे क्षणों में उसे अपना साझी बनाया है? ह्यूबर्ट ने एक गहरी साँस ली और उस साँस में ढेर-सी थकान उमड़ आई।

"देखो, मिस वुड कुरसी पर बैठी-बैठी सो रही है," डॉक्टर होंठों में ही फुसफुसाया। यह डॉक्टर का पुराना मज़ाक़ था कि मिस वुड प्रार्थना करने के बहाने आँखें मूँदे हुए नींद की झपकियाँ लिया करती है।

फादर एलमण्ड ने कुरसी पर फैले अपने गाउन को समेट लिया और प्रेयर-बुक बंद करके मिस वुड के कानों में कुछ कहा। पियानो का स्वर क्रमशः मंद पड़ने लगा, ह्यूबर्ट की अँगुलियाँ ढीली पड़ने लगीं। सर्विस समाप्त होने से पूर्व मिस वुड ने आर्डर पढ़कर सुनाया। बारिश होने की आशंका से आज के कार्यक्रम में कुछ आवश्यक परिवर्तन करने पड़े थे। पिकनिक के लिए झूलादेवी के मंदिर जाना संभव नहीं हो

सकेगा, इसलिए स्कूल से कुछ दूर 'मीडोज़' में ही सब लड़कियाँ नाश्ते के बाद जमा होंगी। सब लड़कियों को दोपहर का 'लंच' होस्टल, किचन से ही ले जाना होगा, केवल शाम की चाय 'मीडोज़' में बनेगी।

पहाड़ों की बारिश का क्या भरोसा! कुछ देर पहले धुआँधार बादल गरज रहे थे, सारा शहर पानी में भीगा ठिठुर रहा था; अब धूप में नहाता नीला आकाश धुंध की ओट से बाहर निकलता हुआ फैल रहा था। लतिका ने चैपल से बाहर आते हुए देखा कि वीपिंग विलोज़ की भीगी शाखाओं से धूप में चमकती हुई बारिश की बूँदें टपक रही थीं।

लड़कियाँ चैपल से बाहर निकलकर छोटे-छोटे गुट्ट बनाकर कॉरीडोर में जमा हो गई हैं। नाश्ते के लिए अभी पौना घंटा बाकी था और उनमें से अभी कोई भी लड़की होस्टल जाने के लिए इच्छुक नहीं थी। छुट्टियाँ अभी शुरू नहीं हुई थीं, किंतु शायद इसीलिए वे इन चंद बचे-खुचे क्षणों में अनुशासन के घेरे के भीतर भी मुक्त होने का भरपूर आनंद उठा लेना चाहती थीं।

मिस वुड को लड़कियों का यह गुल-गपाड़ा अखरा, किंतु फ़ादर एलमण्ड के सामने वह उन्हें डाँट-फटकार नहीं सकी। अपनी झल्लाहट दबाकर वह मुस्कराते हुए बोली, "कल सब चली जाएँगी, सारा स्कूल वीरान हो जाएगा।"

फ़ादर एलमण्ड का लंबा ओजपूर्ण चेहरा चैपल की घुटी हुई गरमायी से लाल हो उठा था। कॉरीडोर के जंगले पर अपनी छड़ी लटकाकर वह बोले, "छुट्टियों में पीछे होस्टल में कौन रहेगा?"

"पिछले दो-तीन साल से मिस लतिका ही रहती है।"

"और डॉक्टर मुकर्जी?" फ़ादर का ऊपरी होठ तनिक खिंच आया।

"डॉक्टर तो सरदी-गरमी यहीं रहते हैं," मिस वुड ने विस्मय से फ़ादर की ओर देखा। वह समझ नहीं सकी कि फ़ादर ने डॉक्टर का प्रसंग क्यों छेड़ दिया है।

"डॉक्टर मुकर्जी छुट्टियों में कहीं नहीं जाते?"

"दो महीनों की छुट्टियों में बर्मा जाना काफ़ी मुश्किल है, फ़ादर," मिस वुड हँसने लगी।

किंतु फ़ादर एलमण्ड ने मिस वुड की हँसी में योग नहीं दिया। उनके चेहरे पर तनाव की रेखाएँ खिंची रहीं।

"मिस वुड, पता नहीं आप क्या सोचती हैं, मुझे तो मिस लतिका का होस्टल में अकेले रहना कुछ समझ में नहीं आता।"

"लेकिन फ़ादर," मिस वुड ने कहा, "यह तो कॉन्वेंट स्कूल का नियम है कि कोई भी टीचर छुट्टियों में अपने खर्चे पर होस्टल में रह सकती है।"

"मैं फ़िलहाल स्कूल के नियमों की बात नहीं कर रहा। मिस लतिका डॉक्टर के संग यहाँ अकेली ही रह जाएगी; और सच पूछिए मिस वुड, डॉक्टर के बारे में

मेरी राय कुछ बहुत अच्छी नहीं है।''

''फ़ादर, आप कैसी बात कर रहे हैं! मिस लतिका बच्चा थोड़े ही है!'' मिस वुड को ऐसी आशा नहीं थी कि फ़ादर एलमण्ड अपने दिल में ऐसी दक़ियानूसी भावना को स्थान देंगे।

फ़ादर एलमण्ड कुछ हतप्रभ-से हो गए; बात पलटते हुए बोले, ''मिस वुड, मेरा मतलब यह नहीं था। आप तो जानती हैं मिस लतिका और उस मिलिटरी अफसर को लेकर एक अच्छा-खासा स्कैंडल बन गया था। स्कूल की बदनामी होने में क्या देर लगती है!''

''वह बेचारा तो अब नहीं रहा। मैं उसे जानती थी फ़ादर, ईश्वर उसकी आत्मा को शांति दे।''

मिस वुड ने धीरे से अपनी दोनों बाँहों से 'क्रॉस' किया।

फ़ादर एलमण्ड को मिस वुड की मूर्खता पर इतना अधिक क्षोभ हुआ कि उनसे आगे और कुछ नहीं बोला गया। डॉक्टर मुकर्जी से उनकी कभी नहीं पटती थी, इसीलिए मिस वुड की आँखों में वह डॉक्टर को नीचा दिखाना चाहते थे। किंतु मिस वुड लतिका का रोना ले बैठी। आगे बात बढ़ाना व्यर्थ था। उन्होंने छड़ी को जंगले से उठाया और ऊपर साफ़ धुले आकाश को देखते हुए बोले, ''प्रोग्राम आपने यों ही बदला मिस वुड, अब क्या बारिश होगी!''

ह्यूबर्ट जब चैपल से बाहर निकला तो उसकी आँखें चकाचौंध-सी हो गईं। उसे लगा जैसे किसी ने अचानक ढेर-सी चमकीली उबलती हुई रोशनी मुट्ठी में भरकर उसकी आँखों में झोंक दी हो। पियानो के संगीत-सुर रुई के छुईमई रेशों से अब तक उसके मस्तिष्क की थकी-माँदी नसों पर फड़फड़ा रहे थे। वह काफ़ी थक गया था। पियानो बजाने से उसके फेफड़ों पर हमेशा भारी दबाव पड़ता था; दिल की धड़कन तेज़ हो जाती थी। उसे लगता था कि संगीत के एक नोट को दूसरे नोट में उतारने के प्रयत्न में वह एक अँधेरी खाई पार कर रहा है।

आज चैपल में मैंने जो महसूस किया, वह कितना रहस्यमय, कितना विचित्र था, ह्यूबर्ट ने सोचा। मुझे लगा, पियानो का हर नोट चिरंतन खामोशी की अँधेरी खोह से निकलकर बाहर फैली नीली धुंध को काटता, तराशता हुआ एक भूला-सा अर्थ खींच लाता है। गिरता हुआ हर 'पॉज़' एक छोटी-सी मौत है, मानो घने छायादार वृक्षों की काँपती छायाओं में कोई पगडंडी गुम हो गई हो—एक छोटी-सी मौत जो आनेवाले सुरों की अपनी बची-खुची गूँजों की साँसें समर्पित कर जाती है; जो मर जाती है, किंतु मिट नहीं पाती; मिटती नहीं, इसलिए मरकर भी जीवित है, दूसरे सुरों में लय हो जाती है।

डॉक्टर क्या, मृत्यु ऐसे ही आती है? अगर मैं डॉक्टर से पूछूँ तो वह हँसकर टाल देंगे। मुझे लगता है, वह पिछले कुछ दिनों से कोई बात छिपा रहे हैं। उनकी

हँसी में जो सहानुभूति का भाव होता है, वह मुझे अच्छा नहीं लगता। आज उन्होंने मुझे स्पेशल सर्विस में आने से रोका था। कारण पूछने पर वह चुप रहे थे। कौन-सी ऐसी बात है, जिसे मुझे कहने में डॉक्टर कतराते हैं? शायद मैं शक्की मिज़ाज होता जा रहा हूँ, और बात कुछ भी नहीं है।

ह्यूबर्ट ने देखा, लड़कियों की कतार स्कूल के होस्टल जानेवाली सड़क पर नीचे उतरती जा रही है; उजली धूप में उनके रंग-बिरंगे रिबन, हल्के आसमानी रंग के फ्रॉक और सफ़ेद पेटियाँ चमक रही हैं। सीनियर कैंब्रिज की कुछ लड़कियों ने चैपल की वाटिका से गुलाब के फूल तोड़कर अपने बालों में लगा लिए हैं। कंटोनमेंट के तीन-चार सिपाही लड़कियों को देखते हुए अश्लील मज़ाक करते हुए हँस रहे हैं और कभी-कभी किसी की ओर ज़रा-सा झुककर सीटी बजाने लगते हैं।

"हलो, मिस्टर ह्यूबर्ट!" ह्यूबर्ट ने चौंककर पीछे देखा। लतिका एक मोटा-सा रजिस्टर बगल में दबाए खड़ी थी।

"आप अभी यहीं हैं?" ह्यूबर्ट की दृष्टि लतिका पर टिकी रही। वह क्रीम रंग की पूरी बाँहों की ऊनी जैकेट पहने हुए थी। कुमाऊँ लड़कियों की तरह लतिका का चेहरा गोल था। धूप की तपन से पका गेहुआँ रंग कहीं-कहीं हल्का-सा गुलाबी हो आया था, मानो बहुत धोने पर भी गुलाल के कुछ धब्बे इधर-उधर बिखरे रह गए हों।

"उन लड़कियों के नाम नोट करने थे, जो कल जा रही हैं, सो पीछे रुकना पड़ा। आप भी तो कल जा रहे हैं, मिस्टर ह्यूबर्ट!"

"अभी तक तो यही इरादा है। यहाँ रुककर भी क्या करूँगा। आप स्कूल की ओर जा रही हैं?"

"चलिए।"

पक्की सड़क पर लड़कियों की भीड़ जमा थी, इसलिए वे दोनों पोलो-ग्राउंड का चक्कर काटते हुए पगडंडी से नीचे उतरने लगे।

हवा तेज़ हो चली थी; चीड़ के पत्ते हर झोंके के संग टूट-टूटकर पगडंडी पर ढेर लगाते जाते थे। ह्यूबर्ट रास्ता बनाने के लिए अपनी छड़ी से उन्हें बुहारकर दोनों ओर बिखेर देता था। लतिका पीछे खड़ी हुई देखती रहती थी, अलमोड़ा की ओर से आते हुए छोटे-छोटे बादल रेशमी रूमालों से उड़ते हुए सूरज के मुँह पर लिपटे-से जाते थे; फिर हवा में आगे बह निकलते थे। इस खेल में धूप कभी मंद फीकी-सी पड़ जाती थी, कभी अपना उजला आँचल खोलकर समूचे पहाड़ी शहर को अपने में समेट लेती थी।

लतिका तनिक आगे निकल गई। ह्यूबर्ट की साँस चढ़ गई थी और वह धीरे-धीरे हाँफता हुआ पीछे आ रहा था। जब वे पोलो-ग्राउंड के पवेलियन को छोड़कर सिमिट्री के दाईं ओर मुड़े तो लतिका ह्यूबर्ट की प्रतीक्षा करने के लिए खड़ी हो गई। उसे

याद आया, छुट्टियों के दिनों में जब कभी कमरे में अकेले बैठे-बैठे उसका मन ऊब जाता था, तो वह अक्सर टहलते हुए सिमिट्री तक चली जाती थी। उससे सटी पहाड़ी पर चढ़कर वह बरफ़ में ढँके देवदार वृक्षों को देखा करती थी, जिनकी झुकी हुई शाखाओं से रुई के गालों सी बरफ़ नीचे क़ब्रों पर गिरा करती थी। नीचे बाजार जानेवाली सड़क पर बच्चे 'स्लेज़' पर फिसला करते थे। वह खड़ी-खड़ी बरफ़ में छिपी हुई उस सड़क का अनुमान लगाया करती थी जो फ़ादर एलमण्ड के घर से गुजरती हुई मिलिटरी अस्पताल और डाकघर से होकर चर्च की सीढ़ियों तक जाकर गुम हो जाती थी। जो मनोरंजन एक दुर्गम पहेली को सुलझाने में होता है, वही लतिका को बरफ़ में खोए हुए रास्तों को खोज निकालने में होता था।

"आप बहुत तेज़ चलती हैं, मिस लतिका!" थकान से ह्यूबर्ट का चेहरा कुम्हला गया था, माथे पर पसीने की बूँदें छलक आई थीं।

"कल रात आपकी तबीयत क्या कुछ खराब हो गई थी, मिस्टर ह्यूबर्ट?"

"आपने कैसे जाना? क्या मैं अस्वस्थ दीख रहा हूँ?" ह्यूबर्ट के स्वर में हल्की-सी खीज का आभास था। सब लोग मेरी सेहत को लेकर क्यों बात शुरू करते हैं, उसने सोचा।

"नहीं, मुझे तो पता भी नहीं चलता, वह तो सुबह करीमुद्दीन ने बातों-ही-बातों में जिक्र छेड़ दिया था।" लतिका कुछ अप्रतिभ-सी हो आई।

"कोई खास बात नहीं, वही पुराना दर्द शुरू हो गया था; अब बिल्कुल ठीक है।" अपने कथन की पुष्टि के लिए ह्यूबर्ट छाती सीधी करके तेज़ कदम बढ़ाने लगे।

"डॉक्टर मुकर्जी को दिखलाया था?"

"वह सुबह आए थे। उनकी बात कुछ समझ में नहीं आती। हमेशा दो बातें एक-दूसरे से उल्टी कहते हैं। कहते थे कि इस बार मुझे छः-सात महीनों की छुट्टी लेकर आराम करना चाहिए, लेकिन अगर मैं ठीक हूँ तो भला इसकी क्या ज़रूरत है?"

ह्यूबर्ट के स्वर में व्यथा की छाया लतिका से छिपी न रह सकी। बात को टालते हुए उसने कहा, "आप तो नाहक चिंता करते हैं, मिस्टर ह्यूबर्ट! आजकल मौसम बदल रहा है, अच्छे-भले आदमी बीमार हो जाते हैं।"

ह्यूबर्ट का चेहरा प्रसन्नता से दमकने लगा। उसने लतिका को ध्यान से देखा।

वह अपने दिल का संशय मिटाने के लिए निश्चिंत हो जाना चाहता था कि कहीं लतिका उसे केवल दिलासा देने के लिए ही तो झूठ नहीं बोल रही।

"यही तो मैं सोच रहा था, मिस लतिका! डॉक्टर की सलाह सुनकर तो मैं डर गया। भला छः महीने की छुट्टी लेकर मैं अकेला क्या करूँगा! स्कूल में तो बच्चों के संग मन लगा रहता है। सच पूछो तो दिल्ली में ये दो महीनों की छुट्टियाँ भी काटनी दूभर हो जाती हैं।"

"मिस्टर ह्यूबर्ट, कल आप दिल्ली जा रहे हैं?"

लतिका चलते-चलते हठात्, ठिठक गई। सामने पोलो-ग्राउंड फैला था जिसके दूसरी ओर मिलिटरी के ट्रक कंटोनमेंट की ओर जा रहे थे। ह्यूबर्ट को लगा, जैसे लतिका की आँखें अधमुँदी-सी खुली रह गई हैं, मानो पलकों पर एक पुराना, भूला-सा सपना सरक आया हो।

"मिस्टर ह्यूबर्ट, आप दिल्ली जा रहे हैं?" इस बार लतिका ने प्रश्न नहीं दुहराया; उसके स्वर में केवल एक असीम दूरी का भाव घिर आया था...

"बहुत अरसा पहले मैं भी दिल्ली गई थी, मिस्टर ह्यूबर्ट, तब मैं बहुत छोटी थी, न जाने कितने बरस बीत गए। हमारी मौसी का ब्याह वहीं हुआ था। बहुत-सी चीज़ें देखी थीं, लेकिन अब तो सब धुँधला-सा पड़ गया है। इतना याद है कि हम कुतुब पर चढ़े थे। सबसे ऊँची मंज़िल से नीचे झाँका था; न जाने कैसा-सा लगा था। नीचे चलते हुए आदमी चाबी भरे हुए खिलौने-से लगते थे। हमने ऊपर से उन पर मूँगफलियों के छिलके फेंके थे, लेकिन हम बहुत निराश हुए, क्योंकि उनमें से किसी ने हमारी तरफ नहीं देखा। शायद माँ ने मुझे डाँटा भी था, क्योंकि मैं सीढ़ियाँ उतरती हुई रो रही थी। शायद माँ ने नहीं डाँटा था और मैं सिर्फ़ नीचे झाँकते हुए डर गई थी। सुना है, अब तो दिल्ली इतनी बदल गई है कि पहचाना नहीं जाता..."

वे दोनों फिर चलने लगे। हवा का वेग ढीला पड़ने लगा था। उड़ते हुए बादल अब सुस्ताने-से लगे थे; उनकी छायाएँ नन्दादेवी और पंचचूली की पहाड़ियों पर गिर रही थीं। स्कूल के पास पहुँचते-पहुँचते चीड़ के पेड़ पीछे छूट गए, कहीं-कहीं खुबानी के पेड़ों के आस-पास बुरुँस के लाल फूल धूप में चमक जाते थे। स्कूल तक आने में उन्होंने पोलो-ग्राउंड का लंबा चक्कर लगा लिया था।

"मिस लतिका, आप छुट्टियों में कहीं क्यों नहीं जातीं? सरदियों में तो यहाँ सबकुछ वीरान हो जाता होगा।"

"अब मुझे यहाँ अच्छा लगता है," लतिका ने कहा, "पहले साल अकेलापन कुछ अखरा था, अब आदी हो गई हूँ। क्रिसमस की एक रात पहले क्लब में डिनर होता है, लॉटरी डाली जाती है और रात को देर तक नाच-गाना होता रहता है। नए साल के दिन कुमाऊँ रेजीमेंट की ओर से परेड-ग्राउंड में कार्नीवाल किया जाता है, बरफ़ पर स्केटिंग होती है, रंग-बिरंगे गुब्बारों के नीचे मिलिटरी बैंड बजता है, फौजी अफसर फैंसी ड्रेस में भाग लेते हैं। हर साल ऐसा ही होता है, मिस्टर ह्यूबर्ट। फिर कुछ दिनों बाद विंटर-स्पोर्ट्स के लिए अंग्रेज़ टूरिस्ट आते हैं; हर साल मैं उनसे परिचित होती हूँ, वापस लौटते हुए वे हमेशा वायदा करते हैं कि वे अगले साल भी आएँगे। मैं जानती हूँ कि वे नहीं आएँगे, वे भी जानते हैं कि वे नहीं आएँगे, फिर भी हमारी दोस्ती में कोई अंतर नहीं पड़ता। फिर...फिर कुछ दिनों बाद पहाड़ों पर बरफ़ पिघलने लगती है, छुट्टियाँ खत्म होने लगती हैं, आप सब लोग अपने-अपने

घरों से वापस लौट आते हैं, और मिस्टर ह्यूबर्ट, पता भी नहीं चलता छुट्टियाँ कब शुरू हुई थीं, कब खत्म हो गईं।"

लतिका ने देखा कि ह्यूबर्ट उसकी ओर आतंकित भयाकुल दृष्टि से देख रहा है। वह सिटपिटाकर चुप हो गई। उसे लगा, मानो वह इतनी देर से पागल-सी अनर्गल प्रलाप कर रही हो।

"मुझे माफ़ करना, मिस्टर ह्यूबर्ट, कभी-कभी मैं बच्चों की तरह बातों में बहक जाती हूँ।"

"मिस लतिका," ह्यूबर्ट ने धीरे से कहा। वह चलते-चलते रुक गया था। लतिका ह्यूबर्ट का भारी कुंठित स्वर सुनकर चौंक-सी गई।

"क्या बात है, मिस्टर ह्यूबर्ट?"

"वह पत्र...उसके लिए मैं लज्जित हूँ। उसे आप वापस लौटा दें। समझ लें कि मैंने उसे कभी नहीं लिखा था।"

लतिका कुछ समझ नहीं सकी, दिग्भ्रांत-सी खड़ी हुई ह्यूबर्ट के पीले, उद्विग्न चेहरे को देखती रही।

ह्यूबर्ट ने धीरे से लतिका के कंधे पर हाथ रख दिया। "कल डॉक्टर ने मुझे सब-कुछ बता दिया। अगर मुझे पहले से मालूम होता तो...तो..." ह्यूबर्ट हकलाने लगा।

"मिस्टर ह्यूबर्ट..." किंतु लतिका से आगे कुछ भी नहीं कहा गया। उसका चेहरा सफ़ेद हो गया था।

वे दोनों चुपचाप कुछ देर तक कॉन्वेंट स्कूल के गेट के बाहर खड़े रहे।

मीडोज़—पगडंडियों, पत्तों, छायाओं से घिरा छोटा-सा द्वीप, मानो कोई घोंसला दो हरी घाटियों के बीच आ दबा हो। भीतर घुसते हुए ही पिकनिक के काले आग से झुलसे हुए पत्थर, अधजली टहनियाँ, बैठने के लिए बिछाए गए पुराने अखबारों के टुकड़े इधर-उधर बिखरे हुए दिखाई दे जाते हैं। अक्सर टूरिस्ट पिकनिक के लिए यहाँ आते हैं। मीडोज़ को बीच में काटता हुआ टेढ़ा-मेढ़ा बरसाती नाला बहता है, जो दूर से धूप में चमकता हुआ सफ़ेद रिक्त-सा दिखाई देता है।

यहाँ पर काठ के तख़्तों का बना हुआ टूटा-सा पुल है, जिस पर लड़कियाँ हिचकोले खाती हुई चल रही हैं।

"डॉक्टर मुकर्जी, आप तो सारा जंगल जला देंगे," मिस वुड ने अपने ऊँची एड़ी के सैंडल से जलती हुई दियासलाई को दवा डाला, जो डॉक्टर ने सिगार सुलगाकर चीड़ के पत्तों के ढेर पर फेंक दी थी। वे नाले से कुछ दूर हटकर दो चीड़ के पेड़ों की गुँथी हुई छाया के नीचे बैठे थे। उनके सामने एक छोटा-सा रास्ता नीचे पहाड़ी गाँव की ओर जाता था, जहाँ पहाड़ की गोद में शकरपारों-से खेत एक-दूसरे के नीचे बिछे हुए थे। दोपहर के सन्नाटे में भेड़-बकरियों के गलों में बँधी हुई घंटियों का

स्वर हवा में बहता हुआ सुनाई दे जाता था।

घास पर लेटे-लेटे डॉक्टर सिगार पीते रहे।

"जंगल की आग कभी देखी है, मिस वुड, एक अलमस्त नशे की तरह धीरे-धीरे फैलती जाती है!"

"आपने कभी देखी है, डॉक्टर?" मिस वुड ने पूछा, "मुझे तो बड़ा डर लगता है।"

"बहुत साल पहले शहरों को जलते हुए देखा था," डॉक्टर लेटे हुए आकाश की ओर ताक रहे थे, "एक-एक मकान ताश के पत्तों की तरह गिरता जाता है। दुर्भाग्यवश ऐसे अवसर देखने में बहुत कम आते हैं।"

"आपने कहाँ देखा, डॉक्टर?"

"लड़ाई के दिनों में अपने शहर रंगून को जलते हुए देखा था।" मिस वुड की आत्मा को ठेस लगी, किंतु फिर भी उनकी उत्सुकता शांत नहीं हुई।

"आपका घर? क्या वह भी जल गया था?"

डॉक्टर कुछ देर तक चुपचाप लेटा रहा।

"हम उसे खाली छोड़कर चले आए थे, मालूम नहीं बाद में क्या हुआ।" अपने व्यक्तिगत जीवन के संबंध में कुछ भी कहने में डॉक्टर को कठिनाई महसूस होती है।

"डॉक्टर, क्या आप कभी वापस बर्मा जाने की बात नहीं सोचते?" डॉक्टर ने अँगड़ाई ली और करवट बदलकर औंधे मुँह लेट गए। उनकी आँखें मुँद गईं, और माथे पर बालों की लटें झूल आईं।

"सोचने से क्या होता है, मिस वुड, जब बर्मा में था तब क्या कभी सोचा था कि यहाँ आकर उम्र काटनी होगी!"

"लेकिन डॉक्टर, कुछ भी कह लो, अपने देश का सुख कहीं और नहीं मिलता। यहाँ आप चाहे कितने वर्ष रह लें, अपने को हमेशा अजनबी ही पाएँगे।"

डॉक्टर ने सिगार के धुएँ को धीरे-धीरे हवा में छोड़ दिया। "दरअसल अजनबी तो मैं वहाँ भी समझा जाऊँगा, मिस वुड। इतने वर्षों बाद वहाँ मुझे कौन पहचानेगा। इस उम्र में नए सिरे से रिश्ते जोड़ना काफ़ी सिरदर्दी का काम है; कम-से-कम मेरे वश की बात नहीं है!"

"लेकिन डॉक्टर, आप कब तक इस पहाड़ी कस्बे में पड़े रहेंगे? इसी देश में रहना है तो किसी बड़े शहर में अपनी प्रैक्टिस शुरू कीजिए।"

"प्रैक्टिस बढ़ाने के लिए कहाँ-कहाँ भटकता फिरूँगा, मिस वुड? जहाँ रहो वहीं मरीज़ मिल जाते हैं। यहाँ आया था कुछ दिनों के लिए, फिर मुद्दत हो गई और टिका रहा। जब कभी जी ऊबेगा, कहीं चला जाऊँगा। जड़ें कहीं नहीं जमतीं, तो पीछे भी कुछ नहीं छूट जाता। मुझे अपने बारे में कोई ग़लतफहमी नहीं है मिस

वुड, मैं सुखी हूँ...''

मिस वुड ने डॉक्टर की बात पर विशेष ध्यान नहीं दिया। दिल में वह हमेशा डॉक्टर को उच्छृंखल, लापरवाह और सनकी समझती रही है, किंतु डॉक्टर के चरित्र में उसका विश्वास है, न जाने क्यों, हालाँकि डॉक्टर ने जाने-अनजाने में इसका कोई प्रमाण दिया हो, याद नहीं पड़ता।

मिस वुड ने एक ठंडी साँस भरी। वह हमेशा यह सोचती थी कि यदि डॉक्टर इतना आलसी और लापरवाह न होता तो अपनी योग्यता के बल पर काफी चमक सकता था। इसलिए उसे डॉक्टर पर क्रोध भी आता था और दुःख भी होता था।

मिस वुड ने अपने बैग से ऊन का गोला और सिलाइयाँ निकालीं, फिर उनके नीचे से अख़बार में लिपटा हुआ चौड़ा टॉफी का डिब्बा उठाया, जिसमें अंडों की सैंडविचिज़ और हैम्बर्ग रखे हुए थे। थर्मस से प्यालों में कॉफी उँड़ेलते हुए मिस वुड ने कहा, ''डॉक्टर, कॉफी ठंडी हो रही है।''

डॉक्टर लेटे-लेटे बुड़बुड़ाए। मिस वुड ने नीचे झुककर देखा, वह कुहनी पर सिर टिकाए चुपचाप सो रहे थे। ऊपर का होठ ज़रा-सा फैलकर मुड़ गया था, मानो किसी से मज़ाक करने से पहले मुसकरा रहे हों।

उनकी अँगुलियों में दबा हुआ सिगार नीचे झुका हुआ लटक रहा था।

''मेरी, मेरी, वाट डू यू वांट? वाट डू यू वांट?'' दूसरे स्टैंडर्ड में पढ़नेवाली मेरी ने अपनी चंचल, चपल आँखें ऊपर उठाईं। लड़कियों का दायरा उसे घेरे हुए कभी पास आता था, कभी दूर खिंचता चला जाता था।

''आई वांट...आई वांट ब्लू,'' दोनों हाथों को हवा में घुमाते हुए मेरी चिल्लाई। दायरा पानी की तरह टूट गया, सब लड़कियाँ एक-दूसरे पर गिरती-पड़ती किसी नीली वस्तु को छूने के लिए भाग-दौड़ करने लगीं।

लंच समाप्त हो चुका था। लड़कियों के छोटे-छोटे दल मीडोज़ में बिखर गए थे। ऊँची क्लास की कुछ लड़कियाँ चाय का पानी गरम करने के लिए पेड़ों पर चढ़कर सूखी टहनियाँ तोड़ रही थीं।

दोपहर की उस घड़ी में मीडोज़ अलसाया-सा ऊँघता जान पड़ता था। जब हवा का कोई भूला-भटका झोंका आ जाता था, तब चीड़ के पत्ते खड़खड़ा उठते थे। कभी कोई पक्षी अपनी सुस्ती मिटाने झाड़ियों से उड़कर नाले के किनारे बैठ जाता था, पानी में सिर डुबोता था, फिर उड़कर हवा में दो-चार निरुद्देश्य चक्कर काटकर दुबारा झाड़ियों में दुबक जाता था।

किंतु जंगल की खामोशी शायद कभी चुप नहीं रहती। गहरी नींद में डूबी सपनों-सी कुछ आवाज़ें नीरवता के हल्के झीने परदे पर सलवटें बिछा जाती हैं, मूक लहरों-सी तिरती हैं, मानो कोई दबे पाँव झाँककर अदृश्य संकेत कर जाता है, 'देखो, मैं यहाँ हूँ।'

लतिका ने जूली के 'बॉब हेयर' को सहलाते हुए कहा, "तुम्हें कल रात बुलाया था..."

"मैडम, मैं गई थी, आप अपने कमरे में नहीं थीं।" लतिका को याद आया कि कल रात वह डॉक्टर के कमरे में टैरेस पर देर तक बैठी रही थी और भीतर ह्यूबर्ट पियानो पर सोपां का नॉक्टर्न बजा रहा था।

"जूली, तुमसें कुछ पूछना था।" उसे लगा, वह जूली की आँखों से अपने को बचा रही है।

जूली ने अपना चेहरा ऊपर उठाया। उसकी भूरी आँखों से कौतूहल झाँक रहा था।

"तुम आफ़िसर मेस में किसी को जानती हो?"

जूली ने अनिश्चित भाव से सिर हिलाया। लतिका कुछ देर तक जूली को अपलक घूरती रही।

"जूली, मुझे विश्वास है, तुम झूठ नहीं बोलोगी।"

कुछ क्षण पहले जूली की आँखों में जो कौतूहल था, वह भय में परिणत होने लगा।

लतिका ने अपनी जैकट की जेब से एक नीला लिफ़ाफ़ा निकालकर जूली की गोद में फेंक दिया।

"यह किसकी चिट्ठी है?"

जूली ने लिफ़ाफ़ा उठाने के लिए हाथ बढ़ाया, किंतु फिर एक क्षण के लिए उसका हाथ काँपकर ठिठक गया। लिफ़ाफ़े पर उसका नाम और होस्टल का पता लिखा हुआ था।

"थैंक्यू मैडम, मेरे भाई का पत्र है; वह झाँसी में रहते हैं।" जूली ने घबराहट में लिफ़ाफ़े को अपनी स्कर्ट की तहों में छिपा लिया।

"जूली, ज़रा मुझे लिफ़ाफ़ा दिखलाओ!" लतिका का स्वर तीखा, कर्कश-सा हो आया।

जूली ने अनमने भाव से लतिका को पत्र दे दिया।

"तुम्हारे भाई झाँसी में रहते हैं?"

जूली इस बार कुछ नहीं बोली। उसकी उद्भ्रांत उखड़ी-सी आँखें लतिका को देखती रहीं।

"यह क्या है?"

जूली का चेहरा सफ़ेद फ़क पड़ गया। लिफ़ाफ़े पर कुमाऊँ रेजीमेंटल सेंटर की मुहर उसकी ओर घूर रही थी।

"कौन है यह?" लतिका ने पूछा। उसने पहले भी होस्टल में उड़ती हुई अफ़वाह सुनी थी कि जूली को क्लब में किसी मिलिटरी अफ़सर के संग देखा गया

था, किंतु ऐसी अफ़वाहें अक्सर उड़ती रहती थीं, और उसने उन पर विश्वास नहीं किया था।

"जूली, अभी तुम बहुत छोटी हो।" जूली के होठ काँपे, उसकी आँखों में निरीह याचना का भाव घिर आया।

"अच्छा, अभी जाओ, तुमसे छुट्टियों के बाद बात करूँगी।"

जूली ने ललचायी दृष्टि से लिफ़ाफ़े की ओर देखा कुछ बोलने को उद्यत हुई, फिर बिना कुछ कहे चुपचाप वापस लौट गई।

लतिका देर तक जूली को देखती रही, जब तक वह आँखों से ओझल नहीं हो गई। 'क्या मैं किसी खूसट बुढ़िया से कम हूँ? अपने अभाव का बदला क्या मैं दूसरों से ले रही हूँ?'

शायद...कौन जाने...शायद जूली का यह प्रथम परिचय हो उस अनुभूति से, जिसे कोई भी लड़की बड़े चाव से सँजोकर, सँभालकर अपने में छिपाए रहती है; एक अनिर्वचनीय सुख, जो पीड़ा लिए है, पीड़ा और सुख को डुबोती हुई उमड़ते ज्वार की खुमारी, जो दोनों को अपने में समा लेती है...एक दर्द, जो आनंद से उपजा है और पीड़ा देता है।

यही इसी देवदार के नीचे उसे भी यही लगा था। जब गिरीश ने पूछा था, "तुम चुप क्यों हो?" वह आँखें मूँदे सोच रही थी। सोच कहाँ रही थी, जी रही थी, उसी क्षण को जो भय और विस्मय के बीच भिंचा था—बहका-सा पगला क्षण। वह अभी पीछे मुड़ेगी तो गिरीश की 'नर्वस' मुस्कराहट दिखाई दे जाएगी। उस दिन से आज दोपहर तक का अतीत एक दुःस्वप्न की मानिंद टूट जाएगा...वही देवदार है, जिस पर उसने अपने बालों के क्लिप से गिरीश का नाम लिखा था। पेड़ की छाल उतरती नहीं थी, क्लिप टूट-टूट जाता था। तब गिरीश ने अपने नाम के नीचे उसका नाम लिखा था; जब कभी कोई अक्षर बिगड़कर टेढ़ा-मेढ़ा हो जाता था, तब वह हँसती थी, और गिरीश का काँपता हाथ और भी काँप जाता था...

लतिका को लगा, जो वह याद करती है, वही भूलना भी चाहती है; किंतु जब वह सचमुच भूलने लगती है, तब उसे भय लगता है, जैसे कोई चीज़ उसके हाथों से छीने ले जा रहा है—ऐसा कुछ जो सदा के लिए खो जाएगा। बचपन में जब कभी वह अपने किसी खिलौने को खो दिया करती थी, तो वह गुमसुम-सी होकर सोचा करती थी, 'कहाँ रख दिया मैंने?' जब बहुत दौड़-धूप करने पर खिलौना मिल जाता, तो वह बहाना करती कि अभी उसे खोज रही है कि वह अभी मिला नहीं है। जिस स्थान पर खिलौना रखा होता, जान-बूझकर उसे छोड़कर घर के दूसरे कोनों में उसे खोजने का उपक्रम करती। तब खोयी हुई चीज़ याद रहती, इसलिए भूलने का भय नहीं रहता था।

आज वह उस बचपन के खेल का बहाना क्यों नहीं कर पाती! बहाना शायद

करती है—उसे याद करने का बहाना जो उसे भूलता जा रहा है...दिन, महीने बीत जाते हैं, और वह उलझी रहती है, अनजाने में गिरीश का चेहरा धुँधला पड़ता जाता है। याद वह करती है, किंतु जैसे किसी पुरानी तसवीर के धूल-भरे शीशे को साफ़ कर रही है। अब वैसा दर्द नहीं होता, सिर्फ़ उस दर्द को याद करती है, जो पहले कभी होता था। तब उसे अपने पर ग्लानि होती है। वह फिर जान-बूझकर उस घाव को कुरेदती है, जो भरता जा रहा है, खुद-ब-खुद उसकी कोशिशों के बावजूद भरता जा रहा है...

देवदार पर खुदे हुए अधमिटे नाम लतिका की ओर निस्तब्ध निरीह भाव से निहार रहे थे। मीडोज़ के घने सन्नाटे में नाले पार से खेलती हुई लड़कियों की आवाज़ें गूँज जाती थीं :

"वाट डू यू वांट? वाट डू यू वांट?"

तितलियाँ, झींगुर, जुगनू...मीडोज़ पर उतरती हुई साँझ की छायाओं में पता नहीं चलता, कौन आवाज़ किसकी है? दोपहर के समय जिन आवाज़ों को अलग-अलग करके पहचाना जा सकता था, अब वे एकस्वरता की अविरल धारा में घुल गई थीं, घास से अपने पैरों को पोंछता हुआ कोई रेंग रहा है। झाड़ियों के झुरमुट से परों को फड़फड़ाता झपटकर कोई ऊपर से उड़ जाता है, किंतु ऊपर देखो तो कहीं कुछ भी नहीं है। मीडोज़ के झरने का गड़गड़ाता स्वर...जैसे अँधेरी सुरंग में झपाटे से ट्रेन गुज़र गई हो, और देर तक उसमें सीटियों और पहियों की चीत्कार गूँजती रही हो।

पिकनिक कुछ देर तक और चलती, किंतु बादलों की तहें-की-तहें एक-दूसरे पर चढ़ती आ रही थीं। पिकनिक का सामान बटोरा जाने लगा। मीडोज़ के चारों ओर बिखरी हुई लड़कियाँ मिस वुड के इर्द-गिर्द जमा होने लगीं। अपने संग वे अजीबोग़रीब चीज़ें बटोर लाई थीं। कोई किसी पक्षी के टूटे पंख को बालों में लगाए हुए थी, किसी ने पेड़ की टहनी को चाकू से छीलकर छोटी-सी बेंत बना ली थी। ऊँची क्लास की कुछ लड़कियों ने अपने-अपने रूमालों में नाले से पकड़ी हुई छोटी-छोटी बालिश्त-भर की मछलियों को दबा रखा था जिन्हें मिस वुड से छिपाकर वे एक-दूसरे को दिखा रही थीं।

मिस वुड लड़कियों की टोली के संग आगे निकल आई। मीडोज़ से पक्की सड़क तक तीन-चार फर्लांग की चढ़ाई थी। लतिका हाँफने लगी। डॉक्टर मुकर्जी जो सबसे पीछे आ रहे थे, लतिका के पास पहुँचकर ठिठक गए। डॉक्टर ने दोनों घुटनों को ज़मीन पर टेकते हुए सिर झुकाकर एलिज़ाबेथ-युगीन अंग्रेज़ी में कहा, "मैडम, आप इतना परेशान क्यों नजर आ रही हैं?"

डॉक्टर की नाटकीय मुद्रा को देखकर लतिका के होठों पर थकी-सी ढीली-ढाली मुस्कराहट बिखर गई।

"प्यास के मारे गला सूख रहा है, और यह चढ़ाई है कि खत्म होने में नहीं

आती।"

डॉक्टर ने अपने कंधे पर लटकती हुई थर्मस उतारकर लतिका के हाथों में देते हुए कहा, "थोड़ी-सी कॉफ़ी बची है, शायद कुछ मदद कर सके।"

"पिकनिक में आप कहाँ रह गए डॉक्टर, कहीं दिखाई नहीं दिए?"

"दोपहर-भर सोता रहा, मिस वुड के संग। मेरा मतलब है, मिस वुड पास बैठी थी। मुझे लगता है, मिस वुड मुझसे मुहब्बत करती है।" कोई भी मज़ाक करते हुए डॉक्टर अपनी मूँछों के कोनों को चबाने लगते हैं।

"क्या कहती थी?" लतिका ने थर्मस से कॉफ़ी को मुँह में उँड़ेल लिया।

"शायद कुछ कहती, लेकिन बदक़िस्मती से बीच में ही मुझे नींद आ गई। मेरी ज़िंदगी के कुछ खूबसूरत प्रेम-प्रसंग कम्बख़्त इस नींद के कारण अधूरे रह गए हैं।"

और इस दौरान जब वे दोनों बातें कर रहे थे, उनके पीछे मीडोज़ और मोटर रोड के संग चढ़ती हुई चीड़ और बाँस के वृक्षों की कतार साँझ के घिरते अँधेरे में डूबने लगी, मानो प्रार्थना करते हुए उन्होंने चुपचाप अपने सिर नीचे झुका लिए हों। इन्हीं पेड़ों के ऊपर बादलों के गिरजे का क्रॉस कहीं उलझा पड़ा था। उनके नीचे पहाड़ी की ढलान पर बिछे हुए खेत भागती हुई गिलहरियों-से लग रहे थे, जो किसी की टोह में स्तब्ध ठिठक गई हों।

"डॉक्टर, मिस्टर ह्यूबर्ट पिकनिक पर नहीं आए?"

डॉक्टर मुकर्जी टार्च जलाकर लतिका के आगे-आगे चल रहे थे।

"मैंने उन्हें मना कर दिया था।"

"किसलिए?"

अँधेरे में पैरों के नीचे दबे हुए पत्तों की चरमराहट के अतिरिक्त कुछ सुनाई नहीं देता था। डॉक्टर मुकर्जी ने धीरे से खाँसा।

"पिछले कुछ दिनों से मुझे संदेह होता जा रहा है कि ह्यूबर्ट की छाती का दर्द शायद मामूली दर्द नहीं है।" डॉक्टर थोड़ा-सा हँसे जैसे उन्हें अपनी यह गंभीरता अरुचिकर लग रही हो।

डॉक्टर ने प्रतीक्षा की, शायद लतिका कुछ कहेगी। किंतु लतिका चुपचाप उनके पीछे चल रही थी।

"यह मेरा महज़ शक है, शायद मैं बिल्कुल ग़लत हूँ, किंतु फिर भी यह बेहतर होगा कि वह अपने एक फेफड़े का एक्स-रे करा लें; इससे कम-से-कम कोई भ्रम तो नहीं रहेगा।"

"आपने मिस्टर ह्यूबर्ट से इसके बारे में कुछ कहा?"

"अभी तक कुछ नहीं कहा। ह्यूबर्ट ज़रा-सी बात पर चिंतित हो उठता है, इसलिए कभी साहस नहीं हो पाता।"

डॉक्टर को लगा, उसके पीछे आते हुए लतिका के पैरों का स्वर सहसा बंद हो गया है। उन्होंने पीछे मुड़कर देखा, लतिका बीच सड़क पर अँधेरे में छाया-सी चुपचाप निश्चल खड़ी है।

"डॉक्टर!" लतिका का स्वर भर्राया हुआ था।

"क्या बात है, मिस लतिका, आप रुक क्यों गईं?"

"डॉक्टर, क्या मिस्टर ह्यूबर्ट..."

डॉक्टर ने अपनी टार्च की मद्धिम रोशनी लतिका पर उठा दी। उन्होंने देखा, लतिका का चेहरा एकदम पीला पड़ गया है, वह रह-रहकर पत्ते-सी काँप जाती है।

"मिस लतिका, क्या बात है, आप तो बहुत डरी-सी जान पड़ती हैं?"

"कुछ नहीं डॉक्टर, मुझे···मुझे कुछ याद आ गया था।"

वे दोनों फिर चलने लगे। कुछ दूर जाने पर उनकी आँखें ऊपर उठ गईं। पक्षियों का एक बेड़ा धूमिल आकाश में त्रिकोण बनाता हुआ पहाड़ों के पीछे से उनकी ओर आ रहा था। लतिका और डॉक्टर सिर उठाकर पक्षियों को देखते रहे। लतिका को याद आया, हर साल सरदी की छुट्टियों से पहले ये परिंदे मैदानों की ओर उड़ते हैं, कुछ दिनों के लिए बीच के इस पहाड़ी स्टेशन पर बसेरा करते हैं, प्रतीक्षा करते हैं बरफ़ के दिनों की, जब वे नीचे अजनबी, अनजाने देशों में उड़ जाएँगे।

क्या वे सब भी प्रतीक्षा कर रहे हैं—वह, डॉक्टर मुकर्जी, मिस्टर ह्यूबर्ट! 'लेकिन कहाँ के लिए, हम कहाँ जाएँगे?'

किंतु इसका कोई उत्तर नहीं मिला, सिर्फ़ उस अँधेरे में मीडोज़ के झरने का भुतैला स्वर और चीड़ के पत्तों की सरसराहट के अतिरिक्त कुछ सुनाई नहीं देता था।

लतिका हड़बड़ाकर चौंक गई। अपनी छड़ी पर झुके हुए डॉक्टर धीरे-धीरे सीटी बजा रहे थे।

"मिस लतिका, जल्दी कीजिए, बारिश शुरू होनेवाली है।" होस्टल पहुँचने तक बिजली चमकने लगी थी, किंतु उस रात बारिश देर तक नहीं हुई। बादल बरसने भी नहीं पाते थे कि हवा के थपेड़ों से धकेल दिए जाते थे। दूसरे दिन तड़के ही बस पकड़नी थी, इसलिए 'डिनर' के बाद लड़कियाँ सोने के लिए अपने-अपने कमरों में चली गई थीं।

जब लतिका अपने कमरे में गई, उस समय कुमाऊँ रेजीमेंटल सेंटर का बिगुल बज रहा था। उसके कमरे में करीमुद्दीन कोई पहाड़ी धुन गुनगुनाता हुआ लैंप में गैस पंप कर रहा था। लतिका उन्हीं कपड़ों में तकिये को दुहरा करके लेट गई। करीमुद्दीन ने उड़ती हुई निगाह से लतिका को देखा, फिर अपने काम में जुट गया।

"पिकनिक कैसी रही, मेम साहब?"

"तुम क्यों नहीं आए, सब लड़कियाँ तुम्हें पूछ रही थीं।" लतिका को लगा, दिनभर की थकान धीरे-धीरे उसके शरीर की पसलियों पर चिपटती जा रही है।

अनायास उसकी आँखें नींद के बोझ से झपकने लगीं।

"मैं चला आता तो ह्यूबर्ट साहब की तीमारदारी कौन करता? दिन-भर उनके बिस्तरे से सटा हुआ बैठा रहा, और अब वह ग़ायब हो गए।"

करीमुद्दीन ने कंधे पर लटकते हुए मैले-कुचैले तौलिए को उतारा और लैंप के शीशों की गर्द पोंछने लगा।

लतिका की अधमुँदी आँखें खुल गईं। "क्या ह्यूबर्ट साहब अपने कमरे में नहीं हैं?"

"खुदा जाने, इस हालत में कहाँ गए? पानी गरम करने कुछ देर के लिए बाहर गया था, वापस आने पर देखता हूँ कि कमरा खाली पड़ा है।"

करीमुद्दीन बुड़बुड़ाता हुआ बाहर चला गया। लतिका ने लेटे-लेटे पलंग के नीचे चप्पलों को पैरों से उतार दिया।

ह्यूबर्ट इतनी रात कहाँ गए? किंतु लतिका की आँखें फिर झपक गईं। दिनभर की थकान ने सब परेशानियों, प्रश्नों पर कुंजी लगा दी थी; जैसे दिन-भर आँखमिचौनी खेलते हुए उसने अपने कमरे में 'दैया' को छू लिया था, अब वह सुरक्षित थी, कमरे की चहारदीवारी के भीतर उसे कोई नहीं पकड़ सकता। दिन के उजाले में वह गवाह थी, मुज़रिम थी, हर चीज़ का उससे तकाज़ा था; अब इस अकेलेपन में कोई गिला नहीं, उलाहना नहीं, सब खींचतान ख़त्म हो गई है; जो अपना है, वह बिल्कुल अपना-सा हो गया है, जो पराया है, उसका दुःख नहीं, अपनाने की फुरसत नहीं...

लतिका ने दीवार की ओर मुँह मोड़ लिया। लैंप के फ़ीके आलोक में हवा में काँपते परदों की छायाएँ हिल रही थीं। बिजली कड़कने से खिड़कियों के शीशे चमक जाते थे, दरवाज़े चटखने लगते थे, जैसे कोई बाहर से धीमे-धीमे खटखटा रहा हो। कॉरीडोर से अपने-अपने कमरों में जाती हुई लड़कियों की हँसी, बातों के कुछ शब्द...फिर सब शांत हो गया, किंतु फिर भी देर तक कच्ची नींद में वह लैंप का धीमा-सा 'सी-सी' का स्वर सुनती रही; कब स्वर भी मौन का भाग बनकर मूक हो गया, उसे पता न चला।

कुछ देर बाद उसको लगा, सीढ़ियों से कुछ दबी आवाज़ें ऊपर आ रही हैं, बीच-बीच में कोई चिल्ला उठता है, और फिर सहसा आवाज़ें धीमी पड़ जाती हैं।

"मिस लतिका, ज़रा अपना लैंप ले आइए!" कॉरीडार के ज़ीने से डॉक्टर मुकर्जी की आवाज़ आई थी।

कॉरीडोर में अँधेरा था। वह तीन-चार सीढ़ियाँ नीचे उतरी, लैंप नीचे किया। सीढ़ियों से सटे जंगले पर ह्यूबर्ट ने अपना सिर रखा हुआ था; उसकी एक बाँह जंगले के नीचे लटक रही थी और दूसरी डॉक्टर के कंधे पर झूल रही थी, जिसे डॉक्टर ने अपने हाथों में जकड़ रखा था।

"मिस लतिका, लैंप ज़रा और नीचे झुका दीजिए...ह्यूबर्ट, ह्यूबर्ट!" डॉक्टर ने

ह्यूबर्ट को सहारा देकर ऊपर खींचा। ह्यूबर्ट ने अपना चेहरा ऊपर किया। ह्विस्की की तेज़ बू का झोंका लतिका के सारे शरीर को झंझोड़ गया। ह्यूबर्ट की आँखों में सुर्ख डोरे खिंच आए थे, कमीज़ का कॉलर उल्टा हो गया था और टाई की गाँठ ढीली होकर नीचे खिसक आई थी। लतिका ने काँपते हाथों से लैंप सीढ़ियों पर रख दिया और आप दीवार के सहारे खड़ी हो गई। उसका सिर चकराने लगा था।

''इन द बैकलेन ऑफ़ द सिटी, देयर इज़ ए गर्ल हू लव्स मी...'' ह्यूबर्ट हिचकियों के बीच गुनगुना उठता था।

''ह्यूबर्ट, प्लीज...प्लीज़,'' डॉक्टर ने ह्यूबर्ट के लड़खड़ाते शरीर को अपनी मज़बूत गिरफ्त में पकड़ लिया।

''मिस लतिका, आप लैंप लेकर आगे चलिए।'' लतिका ने लैंप उठाया, दीवार पर उन तीनों की छायाएँ डगमगाने लगीं।

''इन द बैकलेन ऑफ़ द सिटी, देयर इज़ ए गर्ल हू लव्स मी!'' ह्यूबर्ट डॉक्टर मुकर्जी के कंधे पर सिर टिकाए अँधेरी सीढ़ियों पर उल्टे-सीधे पैर रखता हुआ चढ़ रहा था।

''डॉक्टर, हम कहाँ हैं?'' ह्यूबर्ट सहसा इतनी ज़ोर से चिल्लाया कि उसकी फटती हुई आवाज़ सुनसान अँधेरे में कॉरीडोर की छत से टकराकर देर तक हवा में गूँजती रही।

''ह्यूबर्ट!'' डॉक्टर को एकदम ह्यूबर्ट पर गुस्सा आ गया, फिर अपने गुस्से पर ही उन्हें खीज-सी हो आई और वह ह्यूबर्ट की पीठ थपथपाने लगे।

''कुछ बात नहीं है, ह्यूबर्ट डियर, तुम सिर्फ़ थक गए हो।'' ह्यूबर्ट ने अपनी आँखें डॉक्टर पर गड़ा दीं; उनमें एक भयभीत बच्चे की-सी कातरता झलक रही थी, मानो डॉक्टर के चेहरे से वह किसी प्रश्न का उत्तर पा लेना चाहता हो।

ह्यूबर्ट के कमरे में पहुँचकर डॉक्टर ने उसे बिस्तरे पर लिटा दिया। ह्यूबर्ट ने बिना किसी विरोध के चुपचाप अपने जूते, मोज़े उन्हें उतारने दिए। जब डॉक्टर ह्यूबर्ट की टाई उतारने लगे, ह्यूबर्ट अपनी कुहनी के सहारे उठा, कुछ देर तक डॉक्टर को आँखें फाड़ते हुए घूरता रहा, फिर धीरे से उनका हाथ पकड़ लिया।

''डॉक्टर, क्या मैं मर जाऊँगा?''

''कैसी बात करते हो, ह्यूबर्ट?'' डॉक्टर ने हाथ छुड़ाकर धीरे से ह्यूबर्ट का सिर तकिए पर टिका दिया।

''गुडनाइट, ह्यूबर्ट!''

''गुडनाइट, डॉक्टर!'' ह्यूबर्ट ने करवट बदल ली।

''गुडनाइट, मिस्टर ह्यूबर्ट!'' लतिका का स्वर सिहर गया।

किंतु ह्यूबर्ट ने कोई उत्तर नहीं दिया। करवट बदलते ही उसे नींद आ गई थी।

कॉरीडोर में वापस आकर डॉक्टर मुकर्जी रेलिंग के सामने खड़े हो गए। हवा के तेज़ झोंकों से आकाश में फैले बादलों की परतें जब कभी इकहरी हो जातीं तब उनके पीछे से चाँदनी बुझती हुई आग के धुएँ-सी आस-पास की पहाड़ियों पर फैल जाती थी।

''आपको मिस्टर ह्यूबर्ट कहाँ मिले?'' लतिका कॉरीडोर के अँधेरे कोने में रेलिंग पर झुकी हुई थी।

''क्लब की बार में उन्हें देखा था। मैं न पहुँचता तो न जाने कब तक बैठे रहते!'' डॉक्टर मुकर्जी ने सिगरेट जलाई। उन्हें अभी एक-दो मरीज़ों के घर जाना था, कुछ देर तक उन्हें टाल देने के इरादे से वह कॉरीडोर में खड़े रहे।

नीचे अपने क्वार्टर में बैठा हुआ करीमुद्दीन माउथ ऑर्गन पर कोई पुरानी फ़िल्मी धुन बजा रहा था।

''आज दिन-भर बादल छाए रहे, लेकिन खुलकर बारिश नहीं हुई।''

''क्रिसमस तक शायद मौसम ऐसा ही रहेगा।'' कुछ देर तक दोनों चुपचाप खड़े रहे। कॉन्वेंट स्कूल के बाहर फैले लॉन से झींगुरों का अनवरत स्वर चारों ओर फैली निस्तब्धता को और भी अधिक घना बना रहा था। कभी-कभी ऊपर मोटर-रोड पर किसी कुत्ते की रिरियाहट सुनाई पड़ जाती थी।

''डॉक्टर, कल रात आपने मिस्टर ह्यूबर्ट से कुछ कहा था, मेरे बारे में?''

''वही, जो सब लोग जानते हैं, और ह्यूबर्ट, जिसे जानना चाहिए था, नहीं जानता था...''

डॉक्टर ने लतिका की ओर देखा; वह जड़वत्, अविचलित, रेलिंग पर झुकी हुई थी।

''वैसे हम सबकी अपनी-अपनी ज़िद होती है; कोई छोड़ देता है, कुछ लोग आखिर तक उससे चिपके रहते हैं!'' डॉक्टर मुकर्जी अँधेरे में मुस्कराए। उनकी मुस्कराहट में सूखा-सा विरक्ति का भाव भरा था।

''कभी-कभी मैं सोचता हूँ, मिस लतिका, किसी चीज़ को न जानना यदि ग़लत है, तो जान-बूझकर न भूल पाना, हमेशा जोंक की तरह चिपटे रहना, यह भी ग़लत है। बर्मा से आते हुए जब मेरी पत्नी की मृत्यु हुई थी, मुझे अपनी जिंदगी बेकार-सी लगी थी। आज उस बात को अरसा गुज़र गया और जैसा आप देखती हैं, मैं जी रहा हूँ; उम्मीद है कि काफ़ी अरसा और जिऊँगा। ज़िंदगी काफ़ी दिलचस्प लगती है, और यदि उम्र की मज़बूरी न होती तो शायद मैं दूसरी शादी करने में न हिचकता। इसके बावजूद कौन कह सकता है कि मैं अपनी पत्नी से प्रेम नहीं करता था। आज भी करता हूँ...''

''लेकिन, डॉक्टर...!'' लतिका का गला रुँध आया था।

''क्या, मिस लतिका?''

''डॉक्टर, सब कुछ होने के बावजूद वह क्या कुछ है, जो हमें चलाए चलता है,

हम रुकते हैं तो भी अपने बहाव में वह हमें घसीट लिए जाता है?'' लतिका से आगे कुछ नहीं कहा गया, जैसे जो वह कहना चाह रही है, वह कह नहीं पा रही, जैसे अँधेरे में कुछ खो गया है, जो मिल नहीं पा रहा, शायद कभी नहीं मिल पाएगा।

''यह तो आपको फ़ादर एलमण्ड ही बता सकेंगे, मिस लतिका!'' डॉक्टर की खोखली हँसी में उनका पुराना सनकीपन उभर आया था।

''अच्छा चलता हूँ, मिस लतिका, मुझे काफी देर हो गई है।'' डॉक्टर ने दियासलाई जलाकर घड़ी को देखा।

''गुडनाइट, मिस लतिका!''

''गुडनाइट, डॉक्टर!''

डॉक्टर के जाने पर लतिका कुछ देर तक अँधेरे में रेलिंग से सटी खड़ी रही। हवा चलने से कॉरीडोर में जमा हुआ कुहरा सिहर उठता था। शाम को सामान बाँधते हुए लड़कियों ने अपने-अपने कमरे के सामने जो पुरानी कॉपियों, अख़बारों और रद्दी कागज़ों के ढेर लगा दिए थे, वे अब अँधेरे कॉरीडोर में हवा के झोंकों से इधर-उधर बिखरने लगे थे।

लतिका ने लैंप उठाया और अपने कमरे की ओर जाने लगी।

कॉरीडोर में चलते हुए उसने देखा, जूली के कमरे से प्रकाश की एक पतली शहतीर दरवाज़े के बाहर खिंच आई है। लतिका को कुछ याद आया। वह साँस रोक जूली के कमरे के बाहर खड़ी रही। कुछ देर बाद उसने दरवाज़ा खटखटाया। भीतर से कोई आवाज़ नहीं आई। जूली लैम्प बुझाना भूल गयी थी। लतिका धीरे-धीरे दबे पाँव जूली के पलंग के पास चली आयी। जूली का सोता हुआ चेहरा लैंप के फीके आलोक में पीला-सा दीख रहा था। लतिका ने अपनी जेब से वही नीला लिफ़ाफ़ा निकाला और उसे धीरे से जूली के तकिये के नीचे दबाकर रख दिया।

कमलेश्वर

जन्म 6 जनवरी 1932, मैनपुरी (उ.प्र.) में। नई कहानी के सशक्त कहानीकार, जो कस्बाई जीवन को उसके विविध आयामों में व्यक्त करने के लिए प्रसिद्ध हैं। कहानियों के अतिरिक्त कई उपन्यास, यात्रावृत्त प्रकाशित। अनेक फिल्मों के पटकथा-लेखक। इनकी रचनाओं का प्रधान स्वर मानवीयता का है। इनकी मृत्यु सन् 2007 में हुई।

'नई कहानी' आन्दोलन की अगुवाई करने वाले कमलेश्वर ने हिन्दी कहानी को नयी ऊँचाइयों तक ला खड़ा किया। आज़ादी के बाद की स्थितियों में हालाँकि बहुत परिवर्तन नहीं आया था, मगर समाज नये और पुराने मूल्यों के संघर्ष और अन्तर्द्वन्द्व से लगातार जूझ रहा था। इसलिए उनकी कहानियों को समझना है तो उनके जीवन संदर्भों के साथ-साथ उस समय की राजनीतिक तथा सामाजिक घटनाओं को भी समझना होगा। कमलेश्वर के लेखन की सबसे बड़ी उपलब्धि यह है कि उनका जीवन दर्शन प्रभावारोपित नहीं, उनके अपने अनुभवों से बने व्यक्तित्व का सहज प्रोजेक्शन है।

प्रकाशित रचनाएँ : राजा निरबंसिया, क़स्बे का आदमी, बयान, जार्ज पंचम की नाक, खोई हुई दिशाएँ, मांस का दरिया, इतने अच्छे दिन, कोहरा, रावल की रेल, समग्र कहानियाँ, आज़ादी मुबारक (कहानी संग्रह); एक सड़क सत्तावन गलियाँ, लौटे हुए मुसाफ़िर, तीसरा आदमी, समुद्र में खोया हुआ आदमी, काली आँधी, आगामी अतीत, रेगिस्तान, वही बात, सुबह दोपहर शाम, डाकबंगला, कितने पाकिस्तान (उपन्यास); नई कहानी की भूमिका, मेरा पन्ना (आलोचना), घटनाचक्र, सिलसिला थमता नहीं, बन्धक नहीं, बन्धक लोकतन्त्र और ये दस्तक देते सवाल (चिन्तन)। कश्मीर रात के बाद, देश-देशान्तर (यात्रा-विवरण); जो मैंने जिया, यादों के चिराग, जलती हुई नदी (आत्मकथा)।

पत्रकारिता : इंगित, नई कहानियाँ, सारिका, श्रीवर्षा, कथायात्रा, गंगा, दैनिक जागरण और दैनिक भास्कर का सम्पादन।

सम्मान : साहित्य अकादेमी पुरस्कार, शलाका सम्मान आदि कई पुरस्कार से सम्मानित।

खोयी हुई दिशाएँ

सड़क के मोड़ पर लगी रेलिंग के सहारे चन्दर खड़ा था। सामने, दाएँ-बाएँ आदमियों का सैलाब था। शाम हो रही थी और कनॉट प्लेस की बत्तियाँ जगमगाने लगी थीं। थकान से उसके पैर जवाब दे रहे थे। कहीं दूर आया-गया भी तो नहीं, फिर भी थकान सारे शरीर में भरी हुई थी। दिल और दिमाग इतना थका हुआ था कि लगता था, वही थकान धीरे-धीरे उतरकर तन में फैलती जा रही है।

पूरा दिन बरबाद हो गया। यही खड़ा सोच रहा था। घर लौटने को भी मन नहीं कर रहा था। आती-जाती एक-सी औरतों को देखकर मन और भी ऊबने लगता था।

भूख...पता नहीं लगी है या नहीं। वह दिमाग पर जोर डालता है—सवेरे आठ बजे घर से निकला था। एक प्याली कॉफी के अलावा तो कुछ पेट में गया नहीं।...और तब उसे अहसास हुआ कि थोड़ी-थोड़ी भूख लग रही है। दिमाग और पेट का साथ ऐसा हो गया है कि भूख भी सोचने से लगती है।

निगाह दूर आसमान पर अटक जाती है, जहाँ चीलें उड़ रही हैं और मोजे की शकल में कटा हुआ आसमान दिखाई दे रहा है। उस गँदले आसमान के नीचे जामा मस्जिद का गुम्बद और मीनार दिखाई पड़ रहा है, उनकी नोकें बड़ी अजीब-सी लग रही हैं। पीछे वाली दुकानों के बाहर चोलियों का विज्ञापन है। रीगल बस स्टॉप के नीम के पेड़ों से धीरे-धीरे पत्तियाँ झड़ रही हैं। बसें जूँ-जूँ करती आती हैं—एक क्षण ठिठकती हैं—एक ओर से सवारियों को उगलती हैं और दूसरी ओर से निगलकर आगे बढ़ जाती हैं। चौराहे पर बत्तियाँ लगी हैं। बत्तियों की आँखें लाल-पीली हो रही हैं। आस-पास से सैकड़ों लोग गुजरते हैं, पर कोई उसे नहीं पहचानता। हर आदमी या औरत लापरवाही से दूसरों को नकारता या झूठे दर्प में डूबा हुआ गुजर जाता है।

और तब उसे अपना वह शहर याद आता है जहाँ से तीन साल पहले वह चला आया था—गंगा के सुनसान किनारे पर भी अगर कोई अनजान मिल जाता तो उसकी नजरों में पहचान की एक झलक तैर जाती थी।

और यह राजधानी! जहाँ सब अपना है, अपने देश का है...पर कुछ भी अपना नहीं है, अपने देश का नहीं है।

तमाम सड़कें हैं जिन पर वह जा सकता है, लेकिन वे सड़कें कहीं नहीं पहुँचातीं। उन सड़कों के किनारे घर हैं, बस्तियाँ हैं—पर किसी भी घर में वह नहीं जा सकता। उन घरों के बाहर फाटक हैं, जिन पर कुत्तों से सावधान रहने की चेतावनी है, फूल तोड़ने की मनाही है और घण्टी बजाकर इंतजार करने की मजबूरी है।

...घर पर निर्मला इंतजार कर रही होगी। वहाँ पहुँचकर भी पहले मेहमान की तरह कुरसी पर बैठना होगा, क्योंकि बिस्तर पर कमरे का पूरा सामान सजा होगा और वह हीटर पर खाना पका रही होगी। उन्मुक्त होकर वह हवा के झोंके की तरह कमरे में घुस भी नहीं सकता और न उसे बाँहों में लेकर प्यार ही कर सकता है, क्योंकि गुप्ताजी अभी मिल से लौटे नहीं होंगे और मिसेज गुप्ता बेकारी में बैठी गप लड़ा रही होंगी या किसी स्वेटर की बुनाई सीख रही होंगी। अगर वह चला भी गया तो कमरे में बहुत अदब से घुसेगा, फिर मिसेज गुप्ता से इधर-उधर की दो-चार बातें करेगा। तब बीवी खाना खाने की बात कहेगी। और खाने की बात सुनकर मिसेज गुप्ता घर जाने के लिए उठेंगी...

और फिर उसके बाद बड़ी खिड़की का परदा खिसकाना पड़ेगा। किसी बहाने खुराना की तरफ वाली खिड़की को बन्द करना पड़ेगा। घूमकर मेज के पास पहुँचना होगा और तब पानी का एक गिलास माँगने के बहाने वह पत्नी को बुलाएगा, और तब उसे बाँहों में लेकर प्यार से यह कह सकने का मौका आएगा—बहुत थक गया हूँ।

लेकिन ऐसा होगा नहीं। इतनी लम्बी प्रक्रिया से गुजरने के पहले ही उसका मन झुंझला उठेगा और यह कहने पर मजबूर हो जाएगा, "अरे भई, खाने में कितनी देर है," सारा प्यार और समूची पहचान न जाने कहाँ छिप चुकी होगी, अजीब-सा बेगानापन होगा। बेकरी वालों के यहाँ भर्रायी आवाज में रेडियो गा रहा होगा और गुलाटी के थके कदमों की खोखली आवाज जीने पर सुनाई पड़ेगी।

गली में कोई स्कूटर आकर रुकेगा और उसमें से कोई बिन-पहचाना आदमी किसी और के घर में चला जाएगा। मोटरों की मरम्मत करने वाले गैरेज का मालिक सरदार चाबियाँ लेकर घर जाने के इंतजार में आधी रात तक बैठा रहेगा क्योंकि उसे पन्द्रह साल पुराने मैकेनिक पर भी शायद विश्वास नहीं है।

और सामने रहने वाले बिशन कपूर के आने की आहट-भर मिलेगी। पिछली दो साल से उसने सिर्फ उसके नाम की प्लेट देखी है—बिशन कपूर, जर्नलिस्ट...और उसकी शकल के बारे में वह सिर्फ यह जानता है कि सामने वाली खिड़की से जब बिजली की रोशनी छनने लगती है और सिगरेट का धुआँ सलाखों से लिपट-लिपटकर बाहर के अँधेरे में डूब जाता है तो बिशन कपूर नाम का एक आदमी भीतर होता है और सुबह जब उसकी खिड़की के नीचे अण्डे का छिलका, डबलरोटी का रैपर और जली हुई सिगरेटें, तीलियाँ और राख बिखरी हुई होती हैं तो बिशन कपूर नाम का आदमी जा चुका होता है।

सोचते-सोचते उसे लगा कि मोजे की बदबू और भी तेज होती जा रही है और अब रेलिंग के पास खड़ा रहना मुश्किल है। जेब से डायरी निकालकर उसने अगले दिन की मुलाकातों के बारे में जान लेना चाहा।

...अँग्रेजी दैनिक में पहले फोन करना है फिर समय तय करके मिलना है। रेडियो में एक चक्कर लगाना है। पिछला चेक रिजर्व बैंक से कैश कराना है और घर एक मनीऑर्डर भेजना है। कल का पूरा वक्त भी इसी में निकल जाएगा, क्योंकि अखबार का सम्पादक परिचित नहीं है जो फौरन बुला ले और खुलकर बात कर ले और कोई बात तय हो जाए। रेडियो में भी कोई बात दस मिनिट में तय नहीं हो सकती और रिजर्व बैंक के काउण्टर पर इलाहाबाद वाला अमरनाथ नहीं है जो फौरन चेक लेकर रुपया ला दे। डाकखाने पर व्यापारियों के चपरासियों की भीड़ होगी जो दस-दस मनीऑर्डर के फार्म लिए लाइन में खड़े होंगे और एक कागज पर पूरी रकम और मनीऑर्डर कमीशन का मीजान लगाने में मशगूल होंगे। उनमें से कोई भी उसे नहीं पहचानता होगा।

एक क्षण की जान-पहचान का सिलसिला सिर्फ पेन होगा, जो कोई-न-कोई दो हरूफ लिखने के लिए माँगेगा और लिख चुकने के बाद अपना खत पढ़ते हुए वह बाएँ हाथ से उसे कलम लौटाकर शायद धीरे से थैंक्यू कहेगा और टिकिट वाले काउण्टर की ओर बढ़ जाएगा।

और तब उसे झुंझलाहट-सी हुई। डायरी हाथ में थी और उसकी निगाहें फिर दूर की ऊँची इमारत पर अटक गई थीं, जिस पर बिजली के मुकुट जगमगा रहे थे। और उन नामों में से वह किसी को नहीं जानता था। इलाहाबाद में सबसे बड़े कपड़े वाले के बारे में इतना तो मालूम था कि पहले वह बहुत गरीब था और कन्धे पर कपड़ा रखकर फेरी लगाता था और अब उसका लड़का विदेश पढ़ने गया हुआ है और वह खुद बहुत धार्मिक आदमी है जो अब माथे पर छापा-तिलक लगाकर मनमाना मुनाफा वसूल करता है और कॉर्पोरेशन का चुनाव लड़ने की तैयारियाँ कर रहा है। यहाँ कुछ पता नहीं चलता, किसी के बारे में कुछ भी मालूम नहीं पड़ता।

कनॉट प्लेस में खुले हुए लॉन हैं। तनहा पेड़ हैं और उन दूर-दूर खड़े तनहा पेड़ों के नीचे नगर निगम की बेंचें हैं, जिन पर थके हुए लोग बैठे हैं और लॉन में एकाध बच्चे दौड़ रहे हैं। बच्चों की शक्लें और शरारतें तो बहुत पहचानी-सी लगती हैं, पर गोलगप्पे खाती हुई उनकी मम्मी अजनबी है, क्योंकि उसकी आँखों में मासूमियत और गरिमा से भरा प्यार नहीं है। उसके शरीर में मातृत्व का सौन्दर्य और दर्प भी नहीं है, उसमें सिर्फ एक खुमार है और एक बहुत बेमानी और पिटी हुई ललकार है, जिसे न तो नकारा जा सकता है और न स्वीकार किया जा सकता है—वह ललकार सब कानों में गूँजती है और सब बहरों की तरह गुजर जाते हैं।

लॉन पर कुछ क्षण बैठने को मन हुआ पर उसे लगा कि वहाँ भी कोई ठिकाना

नहीं: अभी कल ही तो चोर की तरह दबे पाँव घास में बहता हुआ पानी आया था और उसके कपड़े भीग गए थे।

तनहा खड़े पेड़ों और उनके नीचे सिमटते अँधेरे में अजीब-सा खालीपन है। तनहाई ही सही पर उसमें अपनापन तो हो। वह तनहाई भी किसी की नहीं है क्योंकि हर दस मिनिट बाद पुलिस का आदमी उधर से घूमता हुआ निकल जाता है। झाड़ियों की सूखी टहनियों में आइसक्रीम के खाली कागज और चने की खाली पुड़ियाँ उलझी हुई हैं या कोई बेघर-बार आदमी शराब की खाली बोतल फेंककर चला गया है।

डायरी पर फिर उसकी नजर जम जाती है,...और शोर-शराबे से भरे उस सैलाब में वह बहुत अकेला-सा महसूस करता है और लगता है कि इन तीन सालों में ऐसा कुछ भी नहीं हुआ जो उसका अपना हो, जिसकी कचोट अभी तक हो, खुशी या दर्द अब भी मौजूद हो, रेगिस्तान की तरह फैली हुई तनहाई है, अनजान सागर-तटों की खामोशी और सूनापन है और पछाड़ खाती हुई लहरों का शोर-भर है जिससे वह खामोशी और भी गहरी होती है।

मोजे की शक्ल में फटा हुआ आसमान है और जामा मस्जिद के गुम्बद के ऊपर चक्कर काटती हुई चीलें हैं। औरतों का पीछा करते हुए फूल बेचने वाले और यतीम बच्चों के हाथ में शाम की खबरों के अखबार हैं।

...और तभी चन्दर को लगा कि एक अरसा हो गया, एक जमाना गुजर गया, वह खुद अपने से नहीं मिल पाया। अपने से बातें करने का वक्त ही नहीं मिला। यह भी नहीं पूछा कि आखिर तेरा हाल-चाल क्या है और तुझे क्या चाहिए! हल्की-सी मुसकराहट उसके होठों पर आई और उसने हर शुक्रवार के आगे नोट किया—खुद से मिलना है। शाम सात बजे से नौ बजे तक।...और आज भी तो शुक्रवार ही है। यह मुलाकात आज होनी चाहिए। घड़ी पर नजर जाती है, सात बजे हैं। पर मन का चोर हावी हो जाता है। क्यों न पहले टी-हाउस में एक प्याला चाय पी ली जाए? न जाने क्यों मन अपने से मिलने में घबराता है। रह-रहकर कतराता है।

तभी उस पार से आता हुआ आनन्द दिखाई देता है। वह उससे भी नहीं मिलना चाहता। बड़ा बुरा मर्ज है आनन्द को। वह उस छूत से बचा रहना चाहता है। आनन्द दुनिया में दोस्त खोजता है, ऐसे दोस्त जो जिन्दगी में गहरे न उतरें पर उसके साथ कुछ देर रह सकें और बात कर सकें। उसकी बातों में अजीब-सा बनावटीपन है, वह बनावटीपन जो आदमी किताबों से सीखता है। और उसे लगता है कि वही बनावटीपन खुद उसमें भी कहीं-न-कहीं है...जब कॉलेज और युनिवर्सिटी के दर्जों में बैठ-बैठकर वह किताबों से जिन्दगियों के मरे हुए ब्योरे पढ़ रहा था।

और अब आज उसे लगता है कि वह सारा वक्त बड़ी बेरहमी से बरबाद किया गया है। उसने उन खँडहरों में समय बरबाद किया है जिनकी कथाएँ अधपढ़े

गाइडों की जबान पर रहती हैं, जो हर बार उन मरी हुई कहानियों को हर दर्शक के सामने दोहराते जाते हैं: यह दीवाने-खास है, ज़रा नक्काशी देखिए—यहाँ हीरे जवाहरातों से जड़ा सिंहासन था, यह जनाना हमाम है और यह वह जगह है जहाँ से बादशाह अपनी रिआया को दर्शन देते थे, यह महल सर्दियों का है, यह बरसात का और यह हवादार महल गरमियों का और इधर आइए सँभल के, यह वह जगह है जहाँ फाँसी दी जाती थी।

चन्दर को लगा, जिन्दगी के पचीस साल वह उन गाइडों के साथ खँडहरों में बिताकर आया है जिनकी जीवन्त कथाओं को वह कभी नहीं जान पाया, सिर्फ दीवाने-खास उसे दिखाया गया, नक्काशी दिखाई गई और जनाने हमाम में घुमाकर गाइड ने उसे फाँसी वाले अँधेरे और बदबूदार कमरे में छोड़ दिया, जहाँ चमगादड़ लटके हुए बिलबिला रहे हैं और एक बहुत पुरानी ऐतिहासिक रस्सी लटक रही है जिसका फन्दा गरदन में कस जाता है और आदमी झूल जाता है। और उसके बाद अंधे कुएँ में फेंकी गई सिर्फ वे लाशें रह जाती हैं।

उसमें और उनमें कोई अंतर नहीं है।

और आनन्द भी उनसे अलग नहीं है। चन्दर कतरा जाना चाहता था, क्योंकि आनन्द आते ही किताबी तरीके से कहेगा, "यार, तुम्हारे बाल बहुत खूबसूरत हैं, ब्रिलक्रीम लगाते हो? लड़कियाँ तो तबाह हो जाती होंगी।"

और तभी चन्दर को सामने पाकर आनन्द रुक जाता है, "हलो, यहाँ कैसे? क्यों लड़कियों पर जुल्म ढा रहे हो।" सुनकर उसे हँसी आ जाती है।

"किधर से आ रहे हो?" डायरी जेब में रखते हुए पूछता है।

"आज तो यूँ ही फँस गए, आओ एक प्याला कॉफी हो जाए।" आनन्द कहता है, फिर एक क्षण रुककर वह दूसरी बात सुझाता है, "या और कुछ..."

चन्दर इसका मतलब समझकर न कर देता है। वह जोर देता है, "चलो फिर आज तो हो ही जाए, क्या रखा है इस जिन्दगी में!" कहते हुए वह झूठी हँसी हँसता है और धीरे से हाथ दबाकर पूछता है, "प्लीज इफ यू डोण्ट माइण्ड, कुछ पैसे हैं?" उसके कहने में कोई हिचक नहीं है और न उसे शरम ही आती है। बड़ी सीधी-सी बात है, पैसे कम हैं।

"अच्छा पार्टनर, मैं अभी इंतजाम करके आया," वह विश्वास को गहराता हुआ कहता है, "यहीं रुकना, चले मत जाना।" और वह जाता है तो फिर नहीं आता।

चन्दर यह पहले से जानता है।

कुछ देर बाद वह टी-हाउस में घुस जाता है और मेजों के पास चक्कर काटता हुआ कोने वाले काउण्टर से सिगरेट का पैकेट लेकर एक मेज पर जम जाता है।

"हलो!" कोई एक अधजाना चेहरा कहता है, "बहुत दिनों बाद इधर आना हुआ।" और वह भी वहीं बैठ जाता है। दोनों के पास बात करने के लिए कुछ

भी नहीं है।

टी-हाउस में बेपनाह शोर है। खोखली हँसी के ठहाके हैं और दीवार पर एक घड़ी है जो हमेशा वक्त से आगे चलती है। तीन रास्ते बाहर से आने और जाने के लिए हैं और चौथा रास्ता बाथरूम जाता है। बाथरूम के पॉट्स में फिनाइल की गोलियाँ पड़ी हैं और गैलरी में एक शीशा लगा हुआ है। हर वह आदमी जो बाथरूम जाता है, उस शीशे में अपना मुँह देखकर लौटता है।

गेलार्ड में डिनर डांस की तैयारी हो रही है। कुरसियों की तीन कतारें बाहर निकालकर रख दी गई हैं। उधर वोल्गा पर विदेशियों की भीड़ बढ़ रही होगी।

और तभी एक जोड़ा भीतर आता है। महिला सजी-बजी है और जूड़े में फूल भी हैं। आदमी के चेहरे पर अजीब-सा गरूर है और वे दोनों फैमिली वाली सीट पर आमने-सामने बैठ जाते हैं। बैठने से पहले उनमें कोई ताल्लुक नजर नहीं आ रहा था। सिर्फ इतना-भर कि जब महिला बैठने के लिए मुड़ी थी तो साथ वाले आदमी ने उसकी कमर पर हाथ रखकर सहारा-भर दिया था। इतना-सा साथ था दोनों में।

उनके पास भी बात करने के लिए शायद कुछ नहीं है।

महिला अपना जूड़ा ठीक करते हुए औरों को देख रही है और साथ वाला आदमी पानी के गिलास को देख रहा है। किसी के देखने में कोई मतलब नहीं है। आँखें हैं, इसलिए देखना पड़ता है। अगर न होतीं तो सवाल ही नहीं था। एक जगह देखते-देखते आँखों में पानी आ जाता है—इसलिए जरूरी है कि इधर-उधर देखा जाए।

बेयरा उसकी मेज पर सामान रख जाता है और दोनों खाने में मशगूल हो जाते हैं। कोई बात नहीं करता। आदमी खाना खाके दाँत कुरेदने लगता है और वह महिला रूमाल निकालकर अंदाज से लिपस्टिक ठीक करती है।

अंत में बेयरा आकर पैसे लौटाता है तो आदमी कुछ टिप छोड़ता है जिसे महिला गौर से देखती है और दोनों लापरवाही से उठ खड़े होते हैं। फिर उन दोनों में हल्का-सा सम्बन्ध उसे नजर आता है—वह आदमी ठिठककर साथ वाली महिला को आगे निकलने का इशारा करता है और उसके पीछे-पीछे चला जाता है।

चन्दर का मन और भारी हो जाता है। अकेलेपन का नागपाश और भी कस जाता है। अपने साथ बैठे हुए अनजान दोस्त की तरफ वह गहरी नजरों से देखता है और सोचता है, अजनबी ही सही, पर इसने पहचाना तो, इतनी पहचान भी बड़ा सहारा देती है...चन्दर को अपनी ओर देखते हुए वह साथ वाला दोस्त कुछ कहने को होता है पर जैसे उसे कुछ याद नहीं आता, फिर अपने को सँभालकर उसने चन्दर से पूछा, "आप...आप तो शायद कॉमर्स मिनिस्ट्री में हैं। मुझे याद पड़ता है कि..." कहते हुए वह रुक जाता है।

चन्दर का पूरा शरीर झनझना उठता है और एक घूँट में बची हुई कॉफी पीकर वह

बड़े संयत स्वर में जवाब देता है, "नहीं, मैं कॉमर्स मिनिस्ट्री में कभी नहीं था..."

वह आदमी आगे अटकलें भिड़ाने की कोशिश नहीं करता, सीधे-सीधे उस अनजान सम्बन्ध को मजबूत बनाते हुए कहता है, "ऑल राइट पार्टनर, फिर कभी मुलाकात होगी।" और सिगरेट सुलगाता हुआ उठ जाता है।न्दर बाहर निकलकर बस-स्टॉप की ओर बढ़ता है। मद्रास होटल के पीछे बस-स्टॉप पर चार-पाँच लोग खड़े हैं और पुलिस वाला स्टॉप की छतरी के नीचे बैठा सिगरेट पी रहा है।

चन्दर वहीं आकर खड़ा हो जाता है। सब जानना चाहते हैं कि बस कब तक आएगी पर कोई किसी से कुछ भी नहीं पूछता। पेड़ के अँधेरे में वह चुपचाप खड़ा है। नीचे पीले पत्ते पड़े हैं जो उसके पैरों से दबकर चुरमुराने लगते हैं और पीले पत्तों की वह आवाज उसे वर्षों पीछे खींच ले जाती है। इस आवाज में एक बहुत गहरा अपनापन है, उसे बड़ी राहत-सी मिलती है।

...ऐसे ही पीले पत्ते पड़े हुए थे। उस राह पर बहुत साल पहले इंद्रा के साथ एक दिन वह चला जा रहा था, कुछ भी नहीं था उसके सामने—वह खँडहरों में अपनी जिन्दगी खराब कर रहा था और तब इंद्रा ने ही उससे कहा था, "चन्दर, तुम क्या नहीं कर सकते।" वही पहचानी हुई आवाज फिर उसके कानों से टकराती है, "तुम क्या नहीं कर सकते।" और यह कहते-कहते इंद्रा की आँखों में अदम्य विश्वास झलक आया था।

और इंद्रा की उन प्यार-भरी आँखों में झाँकते हुए उसने कहा था, "मेरे पास है ही क्या? समझ में नहीं आता कि जिन्दगी कहाँ ले जाएगी इंद्रा! इसीलिए मैं यह नहीं चाहता कि तुम अपनी जिन्दगी मेरी खातिर बिगाड़ लो। पता नहीं, मैं किस किनारे लगूँ, भूखा मरूँ या पागल हो जाऊँ..."

इंद्रा की आँखों में प्यार के बादल और गहरे हो आए थे और उसने कहा था, "ऐसी बातें क्यों करते हो चन्दर, मैं तुम्हारे साथ हर हालत में सुखी रहूँगी!"

चन्दर ने उसे बहुत गौर से देखा था। इंद्रा की आँखों में नमी आ गई थी। उसकी कँटीली बरौनियों से विश्वास-भरी मासूमियत झलक रही थी। माथे पर आई हुई लट छूने को उसका मन हो आया था पर वह झिझककर रह गया था। इंद्रा के कानों में पड़े हुए कुण्डल पानी में तैरती मछलियों की तरह झलक जाते थे और तब उसने कहा था, "आओ, उधर पेड़ के नीचे बैठेंगे।"

वे दोनों साथ-साथ चल दिए थे। सिरस के पेड़ के नीचे एक सीमेण्ट की बेंच बनी थी। राह पर पीली पत्तियाँ बिखरी हुई थीं। उनके कुचलने से ऐसी ही आवाज आई थी जो अभी-अभी उसने सुनी थी...वही पहचान-भरी आवाज।

दोनों बेंच पर बैठ गए थे और चन्दर धीरे से उसकी कलाई पर अँगुली से लकीरें खींचने लगा था। दोनों खामोश बैठे थे, बहुत-सी बातें थीं जो वे कह नहीं पा रहे थे। कुछ क्षणों बाद इंद्रा ने आँखें चुराते हुए उसे देखा था और शरमा गई थी, फिर

उसी बात पर आ गई थी जैसे उसी एक बात में सारी बातें छिपी हों, "तुम ऐसा क्यों सोचते हो चन्दर, मुझ पर भरोसा नहीं?"

तब चन्दर ने कहा था, "भरोसा तो बहुत है इंद्रा, पर मैं खानाबदोशों की तरह जिन्दगी-भर भटकता रहूँगा...उन परेशानियों में तुम्हें खींचने की बात सोचता हूँ तो बरदाश्त नहीं कर पाता। तुम बहुत अच्छी और सुविधाओं से भरी जिन्दगी जी सकती हो। मैंने तो सिर पर कफन बाँधा है...मेरा क्या ठिकाना!"

"तुम चाहे जो कुछ बनो चन्दर, अच्छे या बुरे, मेरे लिए एक-से रहोगे। कितना इंतजार करती हूँ तुम्हारा, पर तुम्हें कभी वक्त ही नहीं मिलता।" फिर कुछ देर मौन रहकर उसने पूछा था, "इधर कुछ लिखा?"

"हाँ," धीरे से चन्दर ने कहा था।

"दिखाओ।" इंद्रा ने माँगा था।

और तब चन्दर ने पसीजे हुए हाथों से डायरी बढ़ा दी थी। इंद्रा ने तुरन्त उस डायरी को अपनी किताबों में रख लिया था और बोली थी, "अब यह कल मिलेगी, इस बहाने तो अब आओगे..."

"नहीं, नहीं...मैं डायरी अपने साथ ले जाऊँगा, मुझे वापस दो।" चन्दर ने कहा था तो इंद्रा शैतानी से मुसकराती रही थी और उसकी आँखों में प्यार की गहराइयाँ और बढ़ गई थीं।

हारकर चन्दर वापस चला आया था और दूसरे दिन अपनी डायरी लेने पहुँचा था तो इंद्रा ने कहा था, "इसमें कुछ मैंने भी लिखा है, पढ़कर जरूर फाड़ देना।"

"मैं नहीं फाड़ूँगा।"

"तो कुट्टी हो जाएगी।" इंद्रा ने बच्चों की तरह बड़ी मासूमियत से कहा था और उस वक्त उसके मुँह से वह बेहद बचपने की बात भी बड़ी अच्छी लगी थी।

और एक दिन...

एक दिन इंद्रा घर आई थी। इधर-उधर से घूम-घामकर वह चन्दर के कमरे में पहुँच गई थी और तब चन्दर ने पहली बार उसे बिलकुल अपने पास महसूस किया था और उसके माथे पर रंग से बिन्दी बना दी थी और कई क्षणों तक मुग्ध-सा देखता रह गया था। और अनजाने ही उसने होठ इंद्रा के माथे पर रख दिए थे। इंद्रा की पलकें झँप गई थीं और रोम-रोम से गन्ध फूट उठी थी। उसकी अँगुलियाँ चन्दर की बाँहों पर थरथराने लगी थीं और माथे पर आया पसीना उसके होठों ने सोख लिया था। रेशमी रोएँ पसीने से चिपक गए थे और उन उन्माद के क्षणों में दोनों ने ही प्रतिज्ञा की थी...वह प्रतिज्ञा जिसमें शब्द नहीं थे, जो होठों तक भी नहीं आई थी।

तब से उसे ये शब्द हमेशा याद रहते हैं, 'तुम क्या नहीं कर सकते।'

और तभी एक दूसरे नम्बर की बस आती है और ठिठककर चली जाती है। चन्दर को अहसास होता है कि वह बस-स्टॉप पर खड़ा है, वह गहरी पहचान...कहीं

कोई तो है ...और वह बहुत दूर भी तो नहीं।

इंद्रा भी तो यहीं है दिल्ली में...

दो महीने पहले ही तो वह मिला था। तब भी इंद्रा की आँखों में वह चार बरस पहले की पहचान थी और उसने पति से किसी बात पर कहा था, "अरे, चन्दर की आदतें मैं खूब जानती हूँ।"

और इंद्रा के पति ने बड़े खुले दिल से कहा था, "तो फिर भई, इनकी खातिर-वातिर करो..."

और इंद्रा ने मुसकराते हुए चार बरस पहले की तरह चिढ़ाने के अंदाज में बयान किया था, "चन्दर को दूध से चिढ़ है और कॉफी इन्हें धुआँ पीने की तरह लगती है, चाय में अगर दूसरा चम्मच चीनी डाल दी गई तो इनका गला खराब हो जाएगा।" कहकर वह खिलखिलाकर हँस दी थी और इस बात से उसने पिछली बातों की याद ताजी कर दी थी ...सचमुच चन्दर दो चम्मच चीनी नहीं पी सकता।

बस आने का नाम नहीं ले रही थी।

खड़े-खड़े चन्दर को लगा कि इस अनजानी और बिन जान-पहचान से भरी नगरी में एक इंद्रा है जो उसे इतने सालों के बाद भी पहचानती है, अब तक जानती है। उसका मन अपने-आप इंद्रा से मिलने के लिए छटपटाने लगा, ताकि यह अजनबीपन किसी तरह टूट सके...

तभी एक फटफटवाला आवाज लगाता हुआ आ जाता है, गुरदारा रोड...क्रोलबाग गुरदारा रोड! चन्दर एक कदम आगे बढ़ता है और वह सरदार उसे देखते ही जैसे एकदम पहचान जाता है, "आइए बाबूजी, क्रोलबाग गुरदारा रोड।" उसकी आँखों में पहचान की झलक देखकर चन्दर का मन हलका हो जाता है। आखिर एक ने तो पहचाना। चन्दर सरदार को पहचानता है। बहुत बार वह इसी सरदार के फटफट में बैठकर कनॉट प्लेस आया है।

आँखों में पहचान देखते ही चन्दर लपककर फटफट पर बैठ जाता है। तीन सवारियाँ और आ जाती हैं और दस मिनिट बाद ही गुरुद्वारा रोड के चौराहे पर फटफट रुकता है। चन्दर एक चवन्नी निकालकर सरदार की हथेली पर रख देता है और पहचान-भरी नजरों से उसे देखता हुआ चलने लगता है।

तभी पीछे से आवाज आती है, "ऐ बाबूजी, कितना पैसा दिया है?" चन्दर मुड़कर देखता है तो सरदार उसकी तरफ आता हुआ कहता है, "दो आना और दीजिए साहब!"

"हमेशा चार आने लगते हैं सरदारजी?" चन्दर पहचान जताता हुआ कहता है, पर सरदार की आँखों में पहचान की परछाईं तक नहीं है। वह फिर कहता है, "सरदार जी, आपके फटफट पर ही बीसों बार चार आने देकर आया हूँ।"

"किसे होर ने लये होणगे चार आने असी ते छै आने तों घट नहीं लेंदे बादशाहो!"

सरदार इस बार पंजाबी में बोला था और उसकी हथेली फैली हुई थी।

बात दो आने की नहीं थी। चन्दर ने बाकी पैसे उसकी हथेली पर रख दिए और इंद्रा के घर की तरफ मुड़ गया।

और इंद्रा उसे मिली तो वैसे ही। वह अपने पति का इंतजार कर रही थी। बड़ी अच्छी तरह उसने चन्दर को बैठाया और बोली, "इधर कैसे भूल पड़े आज?" फिर आँखों में वही पहचान की परछाईं तैर गई थी। कुछ क्षणों बाद इंद्रा ने कहा था, "अब तो नौ बज रहे हैं, ये आठ ही बजे फैक्ट्री बन्द करके लौट आते हैं, पता नहीं आज क्यों देर हो गई, अच्छा चाय तो पियोगे?"

"चाय के लिए इनकार तो नहीं की जा सकती।" चन्दर ने बड़े उत्साह से कहा था और कुरसी पर आराम से टाँगें फैलाकर बैठ गया था। उसकी सारी थकान उतर गई थी और मन का अकेलापन डूब गया था।

नौकरानी आकर चाय रख गई। इंद्रा ने प्याले सीधे करके चाय बनाई तो वह उसकी बाँहों, चेहरे और हाथों को देखता रहा। सब कुछ वही था, वैसा ही था...चिर-परिचित, तभी इंद्रा ने पूछा, "चीनी कितनी?"

और एक झटके से सब कुछ बिखर गया, उसका गला सूखने-सा लगा और शरीर फिर थकान से भारी हो गया। माथे पर पसीना आ गया। फिर भी उसने पहचान का रिश्ता जोड़ने की एक नाकाम कोशिश की और बोला, "दो चम्मच।" और उसे लगा कि अभी इंद्रा को सब कुछ याद आ जाएगा और वह कहेगी कि दो चम्मच चीनी से अब गला खराब नहीं होता?

पर इंद्रा ने प्याले में दो चम्मच चीनी डाल दी और उसकी ओर बढ़ा दिया। जहर के घूँटों की तरह वह चाय पीता रहा। इंद्रा इधर-उधर की बातें करती रही पर उनमें उसे मेहमाननवाजी की बू लग रही थी और चन्दर का मन कर रहा था कि इंद्रा के पास से किसी भी तरह भाग जाए और किसी दीवार पर अपना सिर पटक दे।

जैसे-तैसे उसने चाय पी और पसीना पोंछता हुआ बाहर निकल आया। इंद्रा ने क्या-क्या बातें कीं, उसे बिलकुल याद नहीं।

सड़क पर निकलकर वह एक गहरी साँस लेता है और कुछ क्षणों के लिए खड़ा रह जाता है। उसका गला बुरी तरह सूख रहा है और मुँह का स्वाद बेहद बिगड़ा हुआ है।

चौराहे पर कुछ टैक्सी ड्राइवर नशे में गालियाँ बक रहे हैं और एक कुत्ता दूर सड़क पर भागा जा रहा है। मछलियाँ तलने की गन्ध यहाँ तक आ रही है और पान वाले की दूकान पर कुछ जवान लोग कोकाकोला की बोतलें मुँह में लगाए खड़े हैं। स्कूटरों में कुछ लोग भागे जा रहे हैं। और शहर से दूर जाने वाले लोग बस स्टॉप पर खड़े अब भी प्रतीक्षा कर रहे हैं।

कारें, टैक्सियाँ, बसें और स्कूटर आ-जा रहे हैं। चौराहे पर लगी बत्तियों की

आँखें अब भी लाल-पीली हो रही हैं।

चन्दर थका-सा अपने घर की ओर लौट रहा है। अँगुलियों पर जूता काट रहा है और मोजे की बदबू और भी तेज हो गई है।

आखिर वह थका-हारा घर पहुँचता है और मेहमान की तरह कुरसी पर बैठ जाता है। यह कोई नयी बात नहीं है। निर्मला उसे देखकर मुसकराती है और धीरे से बाँहों पर हाथ रखकर पूछती है, ''बहुत थक गए।''

''हाँ।'' चन्दर कहता है और उसे बहुत प्यार से देखता है। उसका मन भीतर से उमड़ आता है। वह किराए का मकान भी उस क्षण उसे राहत देता है और लगता है कि वह उसी का है।

निर्मला खाना लगाते हुए कहती है, ''हाथ-मुँह धो लो...''

''अभी खाने का मन नहीं है।'' चन्दर कहता है तो वह बहुत प्यार से देखते हुए पूछती है, ''क्यों, क्या बात है, सुबह भी तो खाकर नहीं गए थे, दोपहर में कुछ खाया था?''

''हाँ।'' वह कहता है और निर्मला को देखता रह जाता है।

निर्मला कुछ अचकचाती है और कुछ देर बाद थकी-सी उसके पास बैठ जाती है।

चन्दर कुछ देर खोई-खोई नजरों से कमरे की हर चीज देखता रहता है और बीच-बीच में बड़ी गहरी नजरों से निर्मला को ताकता है। निर्मला कोई किताब खोलकर पढ़ने लगती है और चन्दर उसे देखे जा रहा है।

पीछे से पड़ती हुई रोशनी में निर्मला के बाल रेशम की तरह चमक रहे हैं, उसकी बरौनियाँ मुलायम काँटों की तरह लग रही हैं और कनपटी के पास रेशमी बालों के सिरे अपने-आप घूम गए हैं। पलक के नीचे पड़ती हुई परछाईं बहुत पहचानी-सी लग रही है। उसने कड़ा आधी कलाई तक सरका लिया है।

चन्दर की निगाहें उसके अंग-प्रत्यंग में पुरानी पहचान खोज रही हैं, उसके नाखून अँगुलियाँ और कानों की गुदारी लवें...

उठकर वह परदे खींच देता है और आराम से लेट जाता है। उसे लगता है कि वह अकेला नहीं है। अजनबी और तनहा नहीं है। सामने वाला गुलदस्ता उसका अपना है, पड़े हुए कपड़े उसके अपने हैं, उनकी गन्ध वह पहचानता है।

इन सभी चीजों में एक गहरी पहचान है। घोर अँधेरी रात में भी वह उन्हें टटोलकर पहचान सकता है। किसी भी दरवाजे से बिना टकराए निकल सकता है।

...तभी जीने पर गुलाटी के थके कदमों की खोखली आहट सुनाई पड़ती है और उसे घबराहट-सी होती है। वह धीरे-से निर्मला को अपने पास बुला लेता है। उसे लिटाकर छाती पर हाथ रख लेता है।

कई क्षणों तक वह उसकी साँस से उठती-बैठती छाती को महसूस करता है...और

चाहता है कि निर्मला के शरीर का अंग-अंग और मन की हर धड़कन उसे पहचान की साक्षी दे...गहरी आत्मीयता और निर्बन्ध एकता का अहसास दे...

अँधेरे ही में वह उसके नाखूनों को टटोलता है, उसकी पलकों को छूता है, उसकी गरदन में मुँह छिपाकर खो जाना चाहता है, धुले हुए बालों की चिर-परिचित गन्ध उसके रन्ध्र-रन्ध्र में रिसने लगती है और उसके हाथ पहचान के लिए पोर-पोर पर थरथराते हुए सरकते हैं। निर्मला की साँस भारी हो जाती है।

वह उसकी मांसल बाँहों को महसूस करता है और गोल गुदारे कन्धों पर हाथ से थपथपाता रहता है, निर्मला के शरीर का अंग-अंग अनूठे अनुराग से खींचता-सा आता है। उसका रोम-रोम उसे पहचान रहा था, जोड़-जोड़ कसाव से पूरित था, तन के भीतर गरम रक्त से ज्वार उठ रहे थे और हर साँस पास खींचती जा रही थी। अंग-प्रत्यंग में, पोर-पोर में गहरी पहचान थी....

तभी बिशन कपूर की खिड़की में उजाला होता है और धुआँ सलाखों से लिपट-लिपटकर गली के अँधेरे में डूबने लगता है।

और उसका तनहा मन तनहाइयों को छोड़कर उस परिचित गन्ध, परिचित साँसों और पहचाने स्पर्शों में डूबता जाता है। उसे और कुछ भी नहीं चाहिए...परिचय की एक माँग है और उस अँधेरे में वह साँसों से, गन्ध से, तन के टुकड़े-टुकड़े से पहचान चाहता है, पुरानी प्रतीति चाहता है।

चारों तरफ सन्नाटा छा जाता है।

और उस खामोशी में वह आश्वस्त होता है...वह दोनों बाँहों में उसे भर लेता है। ज्वार और उठता है। तन की गरमाहट और बढ़ती है और रन्ध्र-रन्ध्र में एकता का सागर लहराने लगता है।

धीरे-धीरे निर्मला की तेज साँसें धीमी पड़ती हैं और चुम्बकीय कशिश ढीली पड़ जाती है। खिंचाव टूटने लगता है और अंगों के ज्वार उतरने लगते हैं...

चन्दर कसकर उसकी बाँहों को जकड़े रहता है...उतरता हुआ ज्वार उसे फिर अकेला छोड़े जा रहा है...अनजान तटों पर छोड़ी हुई सीपी की तरह।

निर्मला अपनी दबी हुई बाँह निकाल लेती है और गहरी साँस लेकर ढीली-सी लेट जाता है।

धीरे-धीरे सब कुछ सो जाता है और रात बहुत नीचे उतर आती है। कहीं कोई आवाज नहीं, कोई आहट नहीं।

धीरे से निर्मला करवट बदलती है और दूसरी ओर मुँह करके गहरी नींद में डूब जाती है।

करवट बदलकर लेटी हुई निर्मला को वह अलसाया-सा देखता रहता है...और चन्दर फिर अपने को बेहद अकेला महसूस करता है...वह निर्मला के कन्धे पर हाथ रखता है, चाहता है कि उसकी करवट बदल दे, पर उसकी अँगुलियाँ बेजान

होकर रह जाती हैं। कुछ क्षण वह अँधेरे में ही निर्मला को उधर मुँह किए लेटा हुआ देखता है और हताश-सा खुद भी लेट जाता है। पता नहीं कब उसकी पलकें झपक जाती हैं....

और फिर कुछ देर बाद थाने का घड़ियाल दो के घण्टे बजाता है और उसकी नींद उचट जाती है। नींद के खुमार में ही वह चौंक-सा पड़ता है। कमरे की खामोशी और सूनेपन से उसे डर-सा लगता है। अँधेरे में ही वह निर्मला को टटोलता है, तकिए पर बिखरे उसके बालों पर उसका हाथ पड़ता है और वह उन बालों की चिकनाई को महसूस करता है...सिर झुकाकर वह उन्हें सूँघता है...

फिर निर्मला पर हाथ रखता है—उसके गोल कन्धों को छूता है...वह स्पर्श भी पहचाना हुआ है...धीरे-धीरे वह उसके पूरे शरीर को पहचानने के लिए टटोलता है और उसकी साँसों की हलकी आवाज को सुनने और पहचानने की कोशिश करता है।

निर्मला अब भी करवट लिए पड़ी थी। वह धीरे से नींद में कुनमुनाती है। चन्दर का दिल धक्-से रह जाता है। कहीं निर्मला जाग न जाए, अनजाने ही इस स्पर्श से अजनबियों की तरह चौंक न जाए।

निर्मला सोते-सोते एक बार रुक-रुककर साँस लेती है, जैसे उसे डर सा लग रहा हो...या कोई भयंकर सपना देख रही हो...चन्दर सुन्न-सा रह जाता है...क्या वह उसके स्पर्श को नहीं पहचानती?

और फिर निर्मला को झकझोरकर वह उठाता है, "निर्मला... निर्मला..." वह बदहवासी में कहता है।

निर्मला चौंककर उठती है और आँखें मलते हुए प्रकृतिस्थ होने की कोशिश करती है।

और बिजली जलाकर वह निर्मला को दोनों कन्धों से पकड़कर अपना मुँह उसके सामने करके डरी हुई आवाज में पूछता है, "मुझे पहचानती हो? मुझे पहचानती हो निर्मला?"

निर्मला आँखें फाड़े देखती रह जाती है, धीरे से आश्चर्य-भरे स्वर में कहती है, "क्या हुआ?"

और वह निर्मला को ताकता रह जाता है। उसकी आँखें उसके चेहरे पर कुछ खोजती रह जाती हैं।

डॉ. बरसानेलाल चतुर्वेदी

हिन्दी साहित्य में ख्याति-प्राप्त हास्य रस के कवि-लेखक डॉ. बरसानेलाल चतुर्वेदी का जन्म 15 अगस्त, सन् 1920 को मथुरा, उत्तर प्रदेश में हुआ।

कृतियाँ : 'हिन्दी साहित्य में हास्यवाद' पर पी-एच.डी. 1954, 'आधुनिक काव्य में व्यंग्य' डी. लिट्. 1970, पाँच समीक्षात्मक ग्रन्थ, दस हास्य-व्यंग्य काव्य-संकलन।

पुरस्कार : 'हाथी के पंख,' 'हिन्दी साहित्य में हास्य रस' उत्तर प्रदेश सरकार द्वारा तथा 'प से पगड़ी' हिन्दी अकादमी द्वारा पुरस्कृत।

प्रस्तुत साक्षात्कार 'मुसीबत है' नामक संग्रह से लिया गया है। इसमें गंगा मैया के माध्यम से आज के भ्रष्टाचार और धर्म के नाम पर होने वाले ढकोसलों का व्यंग्यात्मक शैली में वर्णन किया गया है।

गंगा मैया से साक्षात्कार

मकर संक्रान्ति के दिन इलाहाबाद में ही था। गंगा मैया ने निजी सचिव से दो मास पूर्व ही समय से चुका था। माँ मन्दिर में विराज रही थी। चेहरे पर उदासी थी। मैंने जाकर माँ के चरण छुए। पास में ही एक मृगछाला पड़ी थी। मैं बैठ गया। प्रश्न लिख कर ले गया था। उन्होंने उत्तर बड़े ही स्नेहभाव से दिए। पूरा इन्टरव्यू प्रस्तुत है :

प्रश्न—माताजी, कुछ विशेषज्ञ कह रहे हैं कि आप में भी प्रदूषण प्रवेश कर रहा है?

उत्तर—वत्स, तुमने ठीक ही सुना है, मेरी स्वयं समझ में नहीं आ रहा कि यह क्यों हो रहा हैं।

प्रश्न—आप में तो वह शक्ति है कि प्रदूषण अपने आप समाप्त होता जाता है।

उत्तर—जो भी यह कहते हैं वे उल्लू ही हीं नहीं, उल्लू के आस्थावान शिष्य भी हैं।

प्रश्न—तब और क्या कारण हो सकते हैं?

उत्तर— बस, देश का वातावरण ही जब प्रदूषित हो गया तब मैं कैसे बच सकती थी।

प्रश्न—आप ठीक ही कह रही हैं। 'चरित्र का संकट' चर्चा का विषय तो बना हुआ है।

उत्तर—बेटा, मेरा वो अंग ही तो था। या इसलिए कह रही हूँ कि वो अब अतीत की वस्तु हो गया। एक दिन मेरे पास आया था। बहुत ही दुःखी था। मैंने उसे ढाढस बँधाया किन्तु उसकी आँखों से आँसू निकलने बन्द नहीं हुए।

प्रश्न—अब चरित्र भैया कहाँ है?

उत्तर—(मुस्कराते हुए) बेटा, शब्दकोशों में उसका नाम शेष हैं, उपदेशशकों के प्रयोग में भी आ रहा है। मास्टर लोग भी छोटी कक्षाओं में विद्यार्थियों को पढ़ाते समय कभी-कभी इस शब्द का प्रयोग करते हैं।

प्रश्न—चरित्र के अस्तित्व को किसने मिटाया?

उत्तर—सेवा करने से चरित्र बनता था, सेवा रानी को भी मारकर जाने कहाँ भागा दिया। अब तो सब मेवा बटोरने में लग गये। 'सेवाहि परमोधर्म' के स्थान पर लोग 'मेवाहि पारमोधर्म' कहने लगे हैं।

प्रश्न—माँ, आप सच कहती हैं। हाल ही में एक राज्यपाल ने इस प्रकार के भाव व्यक्ति किए थे कि पूरे कुएँ में ही भंग धुल गयी है। 'तू न कह मेरी और मैं न कहू तेरी।'

उत्तर—बेटा, सत्य तो निर्भय है। उसे किसी का डर नहीं। वह तो स्वयं बोलता है। तुझे कैसा लगता है? व्यापारी मुझ में स्नान करने जाते हैं मेरी जय का नारा लगाते हैं, तिलक-छापे लगाते हैं और बाद में...

प्रश्न—माँ, आपने बिल्कुल मेरे मन के भावों को अभिव्यक्ति दी है। यह असंगति क्यों?

उत्तर—बेटा, वे समझते हैं कि वे कैसे करें, मैं उन्हें तार दूँगी। प्रदूषण तो छुआछूत का रोग है। जनता को कष्ट देकर मेरी शरण आते हैं और मेरे निर्मल जल को मलीन करते हैं।

प्रश्न—हाँ, माँ अपने देश में धर्म को जीवन से अलग कर रखा है। आज तो निर्मलता और पवित्रता आनी चाहिए किन्तु ऐसा नहीं होता। जब तक गीता आदि धार्मिक ग्रन्थों के अनुसार आचरण नहीं करते तब तक अपेक्षित सुधार नहीं हो सकता। इस कार्य को कैसे किया जाए।

उत्तर—बेटा देख रही हूँ महँगाई, रिश्वतखोरी और पाशविकता बढ़ती चली जा रही है। इनका कोई अन्त दिखलाई नहीं देता। धर्म का भी व्यापारीकरण हो रहा है। राजनीति के बारे में तो 'गिरा उनयन नयन बिनु बानी' आपस में ऐसे लड़ रहे हैं जैसे नगरपालिका के स्कूल की कक्षा एक के बच्चे।

प्रश्न—दल से दल लड़ता है। दलों में अन्दर भी लड़ाई चलती है जो दलदल पैदा करती है।

उत्तर—बेटा, कारण अलग-अलग बताते हैं पर असली झगड़ा कुर्सी का है।

प्रश्न—कुसियाँ तो बाजार में खूब उपलब्ध हैं, सस्ती और महँगी से महँगी।

उत्तर—बछिया के ताऊ (मुसकराती है) कुर्सी से मेरा मतलब शक्ति और शक्ति माने वैभव, धन, सम्मान, कीर्ति आदि। तुझे अभी इसका स्वाद नहीं मिल पाया। एक बार जबान पे चढ़ जाए तो फिर कुछ अच्छा नहीं लगता। ये छिन जाए तो व्यक्ति ऐसा भटकता है जैसे मजनूं लैला के पीछे लगा-लगा घूमता था।

प्रश्न—आपने मेरे ज्ञान-चक्षु खोल दिए। यह भी सुनाई पड़ रहा है कि हमारे वन्दनीय लोगों में से कुछ डाकुओं से मधुर सम्बन्ध बनाने लगे हैं। पता नहीं कहाँ तक सच है?

उत्तर—जीवन मूल्यों का जब अन्तिम संस्कार कर दिया जाता है तब यही

परिणाम होता है। तुम मेरे प्रदूषण की बात करते हो, उस दिन दक्षिण की कावेरी बहिन मिली थी, वह बता रही थी कि हाल ही में एक सर्प ने एक मनुष्य से सम्पर्क हो जाने के कारण आत्महत्या कर ली।

प्रश्न—सच माँ, मनुष्य इतना क्यों गिर गया। समझ में नहीं आता। पशु-पक्षी तक इनके कुकर्मो पर हँसने लगे हैं। मैंने स्वयं आज पढ़ा है कि जमीन न मिलने पर एक सुपुत्र ने अपनी माँ को समय से पूर्व ही इस भौतिक संसार से मुक्ति दिला दी।

उत्तर—बेटा, तुम देख रहे हो हरिजनों पर कैसे अत्याचार हो रहे हैं। मैंने तो अपनी गोद में सबको समान रूप से खिलाया, कभी भेदभाव नहीं किया। ये मेरे कैसे भक्त हैं कि अपने ही भाई-बहिनों को मौत के घाट उतार रहे हैं। मुझमें प्रदूषण आने के लिए ये सब घटनाएँ क्या काफी नहीं है?

प्रश्न-क्षमा करो, माँ आपने जितना समय दिया था, उससे अधिक मैंने ले लिया। अन्तिम प्रश्न का उत्तर और दे दें। भविष्य में क्या सम्भावनाएँ हैं।

उत्तर—बेटा, प्रकृति सर्वशक्तिमान है। ऐसा पहले भी होता है। पतन की जब पराकष्ठा हो जाती है तभी पुनः उत्थान की किरणें फूटती हैं।

माँ, बहुत-बहुत धन्यवाद।

मन्नू भण्डारी

हिन्दी की सशक्त कथा-लेखिका मन्नू भण्डारी का जन्म 3 अप्रैल, सन् 1931 को भानपुरा (मध्यप्रदेश) में हुआ। मन्नू जी को लेखन-संस्कार विरासत में प्राप्त हुआ है। आप हिन्दी पारिभाषिक कोश के आदि निर्माता श्री सुखसम्पतराय भण्डारी जी की सबसे छोटी सुपुत्री तथा ख्याति प्राप्त कथाकार श्री राजेन्द्र यादव की अर्द्धांगिनी हैं।

रचनाएँ : कहानी संग्रह : 'एक प्लेट सैलाब', 'मैं हार गयी,' 'तीन निगाहों की तस्वीर', 'यही सच है', 'मेरी प्रिय कहानियाँ', 'त्रिशंकु'।

उपन्यास : 'आपका बंटी,' 'महाभोज,' 'एक इंच मुस्कान', 'स्वामी'।

'श्मशान' कहानी संलाप विधा के अन्तर्गत आती है। संलाप यानी कि कथन-प्रतिकथन ही संलाप है। दो पात्रों के मध्य की वार्ता को 'संलाप' कहा जा सकता है, किन्तु हिन्दी साहित्य में 'संलाप' के नाम से जो विधा आयी है उसमें जुड़ का जड़ से, जड़ का चेतन से कथोपकथन ही 'संलाप' माना गया है।

श्मशान

रात के दस बजे होंगे। श्मशान के एक ओर डोम ने बेफ़िक्री से खाट बिछाते हुए कबीर के दोहे की ऊँची तान छेड़ दी, ''जेहि घट प्रेम न संचरै, सोई घट जान मसान!''

श्मशाम का दिल भर आया। एक सर्द आह भरकर उसने अपने पहलू में खड़ी पहाड़ी से कहा, "मैं इन्सान को जितना प्यार करता हूँ, उतनी ही घृणा उससे पाता हूँ। सभी मनुष्य यही चाहते हैं कि जीते-जी उन्हें मेरा मुँह न देखना पड़े। पर वास्तव में मैं इतना बुरा नहीं हूँ। संसार में जब मनुष्य को एक दिन के लिए भी स्थान नहीं रह जाता, तब मैं उसे अपनी गोद में स्थान देता हूँ। चाहे कोई अमीर हो या गरीब, वृद्ध हो या बालक, मैं सबको समान दृष्टि से देखता हूँ। पर इससे क्या होता है? मेरे पास वह प्रेम नहीं, जो मनुष्य की सबसे बड़ी निधि है। मेरे दिल में अपने लिए थोड़ा-सा स्थान बना सकता। नहीं जानता खुदा ने मेरे साथ ऐसी बेइन्साफी का सलूक क्यों किया?"

शहर और श्मशान के बीच खड़ी पहाड़ी मुस्करा दी। उसकी यह व्यंग्यात्मक मुस्कराहट श्मशान के हृदय में चुभ गयी। उसने पूछा, "क्या तुम्हारी कभी यह इच्छा नहीं होती कि तुम्हारे पास भी इन्सान की तरह प्रेम-भरा दिल होता, जिसमें अपने प्रिय के लिए मर मिटने की तमन्ना मचलती रहती है। कभी-कभी दूर-दूर से हवाएँ आती हैं और लैला-मजनूँ और शीरीं-फ़रहाद की प्रेम-कहानियाँ मुझे सुना जाती हैं, और सच मानना मैं तड़पकर रह जाता हूँ कि काश! मैं भी मजनूँ होता तो लैला के वियोग में अपने को क़ुर्बान कर देता। प्रिय की प्रतीक्षा में, राह में पलकों के पाँवड़े बिछाकर बैठा रहता। सावन की उठी घटाएँ मेरे मन में हूक उठतीं और बसन्त की सुरमई साँझें मेरे मन में तड़प बनकर रह जातीं। प्रिय का जीवन ही मेरी जीवन होता और उसकी मौत मेरी मौत। पर क्या करूँ, ईश्वर ने तो मुझे श्मशान बनाया है, जिसके हृदय में मुहब्बत नहीं, प्रेम नहीं, स्निग्धता नहीं, सरसता नहीं, केवल धू-धू करती आग ही लपटें हैं।"

एक आँख से श्मशान को और दूसरी आँख से शहर को और उनमें बसे इन्सानों को देखने वाली पहाड़ी ने पूछा, "बड़ी तमन्ना है इन्सान बनने की?"

श्मशान ने कहा, "तम्मना! मनुष्य के पास जैसा प्रेममय हृदय है, उसे पाने के लिए मैं अपने जैसे सौ जीवन कुर्बान कर सकता हूँ।"

पहाड़ी मुस्करा दी।

इतने में ही किसी के करुण क्रन्दन ने श्मशाम के शुष्क हृदय को दहला दिया। एक छोटी-सी भीड़ किसी शव को लिए चली आ रही थी। उसमें एक सुन्दर नवयुवक फूट-फूटकर रो रहा था, मानो किसी ने उसका सर्वस्व लूट लिया हो। लाश उतारी गयी। वह उस नवयुवक की पत्नी थी। युवक का क्रन्दन श्मशान के हृदय को वेध गया।

सारा क्रिया-कर्म समाप्त कर जैसे-तैसे उस युवक को सँभालकर वे लोग ले गये और श्मशान सोचता रहा, कितना प्यार करता होगा यह अपनी पत्नी को! काश, मैं भी किसी को इतना प्यार कर सकता!

दूसरे दिन साँझ के धुँधले प्रकाश में श्मशान ने देखा, वही युवक आ रहा है। उसके कल के और आज के चेहरे में जमीन-आसमान का अन्तर था। एक रात में ही जैसे वह बूढ़ा हो गया था। आँखें सूजकर लाल हो गयी थीं। वह पागलों की तरह लड़खड़ाता हुआ आया और अपनी पत्नी की राख बटोरने लगा। कुछ देर तक वह हिचकियाँ लेता रहा और उसकी आँखों सूजकर लाल हो गयी थीं। वह पागलों की तरह लड़खड़ाता हुआ आया और अपनी पत्नी की राख बटोरने लगा। कुछ देर तक वह हिचकियाँ लेता रहा और उसकी आँखों से निरन्तर अश्रु बहते रहे। फिर जैसे भावनाओं का बाँध टूट गया, वह सिर फोड़-फोड़कर रोने लगा और चीखने लगा—'तुम मुझे छोड़कर कहाँ चली गयीं सुकेशी? याद है, कितनी बार तुमने कसमें खाई थीं कि जिन्दगी-भर तुम मेरा साथ दोगी। पर यों दो वर्षों में ही तुम मुझे अकेला छोड़कर चली गयी। अब मैं तुम्हारे बिना जीवित नहीं रह सकता। तुम मुझे अपने पास बुला लो, नहीं तो मुझे ही तुम्हारे पास आने का कोई उपाय करना पड़ेगा। तुम नहीं तो मेरे जीवन का कोई अर्थ नहीं, कोई सार नहीं, कोई रस नहीं। तुम्हीं तो मेरा जीवन थीं, प्रेरणा थीं। अब मैं जीवित रहकर करूँगा ही क्या? मुझे अपने पास बुला लो, मैं तुम्हारे बिना नहीं रह सकता, नहीं रह सकता, किसी तरह भी नहीं रह सकता।' इसी प्रकार वह विलाप करके रोता रहा, सिर फोड़ता रहा और मूक श्मशान अपनी सूखी, पथराई आँखों से इस दृश्य को देखता रहा। इन्सान बनने की, प्रेम करने की और अपने प्रिय के वियोग में इसी नवयुवक की भाँति मर मिटने की तमन्ना और अधिक जोर पकड़ती रही। वह यही सोचता रहा, काश! मैं भी किसी को इसी तरह दिलोजान से प्यार कर सकता! और उसके पहलू में खड़ी पहाड़ी मुस्कराती रही।

रो-धोकर वह व्यक्ति तो चला गया, पर श्मशान के हृदय को उसके आँसू गर्म सलाखों की तरह दग्ध करते रहे। उसने पहाड़ी से कहा, "इस व्यक्ति की व्यथा ने मेरे हृदय को मथ डाला। यों तो यहाँ रोज ही ऐसे कितने ही व्यक्ति आते हैं, पर जाने

क्यों, इसके दुख में, इसकी वेदना में ऐसा क्या था, जो मैं कभी नहीं भूल सकूँगा। तुम देखना, अब यह जीवित नहीं रहेगा। एक दिन में ही अपनी प्रेयसी के वियोग में जिसने अपने शरीर को आधा बना डाला हो, वह भला कितने दिन इस प्रकार जीवित रह सकेगा! वह अवश्य ही रो-रोकर प्राण दे देगा, और मैं चाहता भी हूँ कि वह मेरी गोद में आ जाय और मैं दोनों को हमेशा के लिए मिला दूँ!"

सारे दिन वह युवक के शव की प्रतीक्षा करता रहा, पर शव न आया। हाँ, आसमान में जब साँझ का धुँधलका छाने लगा तो वह युवक स्वयं आया और पागलों की तरह प्रलाप करता रहा। तीन-चार दिन तक यह क्रम बना रहा। फिर युवक का आना बन्द हो गया। पर श्मशान उसे भूल न सका। प्रत्येक शव को वह जाने किस उत्सुकता से देखता, और फिर कुछ खिन्न हो जाता।

एक दिन उसने पहाड़ी से पूछा "तुम्हें तो शहर का कोना-कोना दिखाई देता है, बता सकती हो, उस युवक का क्या हाल है?"

पहाड़ी ने मुस्कराते हुए कहा, "नहीं।"

श्मशान ने कहा, "मेरा अन्तःकरण रह-रहकर कह रहा है कि अवश्य ही उसने आत्महत्या कर ली होगी। वह शायद नदी में डूब गया होगा, या किसी ऐसे ही उपाय से उसने अपना अन्त कर लिया होगा कि मैं उसकी लाश को भी नहीं पा सका। मेरी कितनी तमन्ना थी कि मैं उसे उसकी प्रिया के पास पहुँचा देता।"

पहाड़ी ने पूछा, "तुम्हें विश्वास है कि वह मर गया होगा?"

श्मशाम खीझ उठा, "तुम तो बिल्कुल ही पत्थर हो। जिसके हृदय को प्रेम की पीर ने वेध दिया हो, वह कभी जीवित नहीं रह सकता।"

पहाड़ी केवल मुस्करा दी।

दिन आए और चले गये। अपने आँचल में इन्सानों को अपने प्रेमियों के वियोग में आँसू बहाते देख श्मशान का मन इन्सान के प्रति और अधिक श्रद्धालु होता गया, और यह एक क्रम-सा हो गया कि श्मशान इन्सान के अलौकिक गुण गाया करता और पहाड़ी मुस्कराया करती।

इसी प्रकार तीन वर्ष बीत गये। तीन वर्ष की लम्बी अवधि भी श्मशान के मन से उस सुन्दर युवक की व्यथा को न पोंछ सकी। वह अक्सर उसकी बात करता। उसके उन आँसुओं की बात करता, जो उसने अपनी प्रेयसी के वियोग में बहाये थे। उसके उस अनुपम प्रेम की बात करता, जिसने उसे अवश्य ही आत्महत्या के लिए बाध्य कर दयिा होगा। उसके उस करुण विलाप की बात करता, जो आज भी उसके हृदय को मथे डाल रहा था।

तभी एक दिन फिर उसका हृदय किसी परिचित स्वर की करुण चीत्कारों से दहल उठा। उसने देखा, वही सुन्दर युवक एक छोटी-सी भीड़ के साथ किसी शव को लिए आ रहा है। श्मशान ने सोचा, वह अभी जीवित है। अब इस अभागे पर

ईश्वर ने कौन-सा दुःख डाला है।

पर वहाँ पर जो बातचीत हो रही थी, उससे यह समझने में देर न लगी कि यह भी उसकी पत्नी ही थी। सब लोग यही कह रहे थे, 'इसके भाग्य में पत्नी का सुख ही नहीं लिखा है। वर्ना पाँच ही वर्ष में यों दो-छो पत्नियाँ न छोड़ जातीं। अभी बेचारे की उम्र ही क्या है।...'

आज युवक का क्रन्दन अत्यन्त करुण था, आज भी उसकी चीत्कारें हृदय को दहला देने वाली थीं, आज भी उसके आँसू गर्म सलाखों की भाँति हृदय को दग्ध कर देने वाले थे। उसके पहले दिन के रूप में और आज के रूप में कोई विशेष अन्तर नहीं था। जैसे-तैसे धीरज बाँधकर और पकड़कर लोग उसे ले गये।

श्मशान के मन में वर्षों से मनुष्य के अलौकिक प्रेम की जो धारणा जमी हुई थी, उसको पहल बार इलका-सा धक्का लगा। संध्या समय वह युवक फिर आया और अपनी पत्नी की राख में लोट-लोटकर विलाप करने लगा, "मैंने स्वप्न में भी नहीं सोचा था क़ि तुम मुझे इस प्रकार छोड़कर चली जाओगी। यदि मुझे इसी तरह मँझधार में छोड़कर जाना था, तो मेरा साथ ही क्यों दिया? अब मैं तुम्हारे बिना कैसे जीवित रहूँगा! तुमने अपनी मधुर मुस्कानों से एक दिन में ही मेरे मन से सुकेशी की व्यथा पोंछ दी थी। मैं मन-प्राण से तुम्हारा हो गया। तुम ही तो मेरा प्राण थीं। अब यह निष्प्राण देह कैसे जीवित रहेगी? कितने दिन जीवित रहेगी? मुझे अपने पास बुला लो, अब मैं इस संसार में नहीं रह सकूँगा। सुकेशी तो मेरी अनुगामिनी थी।" इसीलिए मुझे उसका अभाव नहीं खटका, पर तुम तो मेरी सहगामिनी थीं। हम तो दा शरीर एक प्राण थे। जब प्राण ही चले गये, तो शरीर का क्या प्रयोजन!"

इसी प्रकार वह रोज आता, घन्टों विलाप करता और और चला जाता। उसके आँसुओं में कुछ ऐसी शक्ति थी, उसके विलाप में कुछ ऐसी सत्यता थी कि श्मशान के मन में पहले जो एक हल्की-सी सन्देह की रेखा उभर आयी थी, वह भी मिट गयी।

एक बार फिर श्मशान उसके शव की प्रतीक्षा करने लगा, और अधिक दृढ़ विश्वास के साथ कि इस बार के धक्के ने अवश्य ही उसे जीवन का अन्त कर दिया होगा। श्मशान बराबर मन में यह साध संजोए बैठा रहा कि कब वह उस युवक और उसकी पत्नी को अपनी गोद में सदा के लिए मिला दे। ऐसा मिलाप, जिससे वियोग का भय न हो, बिछुड़ने की आशंका न हो। पर उसका शव न आया। उसके हृदय की लालसा, लालसा ही बनी रही।

फिर वही ढर्रा चल पड़ा। रोज कितने शव जलते, मनुष्य रोते, श्मशान मनुष्य के अलौकिक प्रेम के गुण गाता और पहाड़ी मुस्काराती। अन्तर था तो केवल इतना था कि श्मशान के स्वर में कुछ उतार आ गया था और पहाड़ी की मुस्कराहट में व्यंग्य कुछ अधिक स्पष्ट और प्रखर हो गया था।

दो वर्ष भी नहीं बीत पाए होंगे कि श्मशान के कानों में फिर वही परिचित स्वर सुनाई पड़ा और उसके आश्चर्य का ठिकाना नहीं रहा, जब उसने देखा कि वह युवक इस बार अपनी तीसरी पत्नी के शव को जलाने आया है। उसने सोचा, शायद बिना प्रेम के ही उसने मजबूरी की हालत में यह विवाह कर लिया हो। पर जब उस युवक का विलाप सुना तो वह भ्रम भी जाता रहा। आज भी उसका क्रन्दन उतना ही करुण था, आज भी उसकी चीत्कार हृदय को दहला देने वाली थी, आज भी उसके अश्रु गर्म सलाखों की भाँति दग्ध कर देने वाले थे। उसके पहले वाले रूप में और आज के रूप में कोई अन्तर न था। उसकी बातें भी वही थीं, केवल इतना अन्तर था कि आज उसे अपनी तीसरी पत्नी ही सबसे अधिक गुणी दिखाई दे रही थी। वह दावा कर रहा था कि तीसरी पत्नी से ही उसका सच्चा प्रेम था, पहली दो स्त्रियों का प्रेम बचपना, ना-समझी थी। पहली उसकी अनुगामिनी थी, दूसरी सहगामिनी, तो तीसरी उसकी प्रिया, मित्र और पथ-प्रदर्शिका थी, जिसके बिना वह एक दिन भी जीवित नहीं रह सकता। उसको अब मरना ही होगा, उसके बिना वह एक दिन भी जीवित नहीं रह सकता। वह पुरानी बातें, वही विलाप, वही क्रन्दन मानो इसका भावना के साथ कोई सम्बन्ध ही न हो, कंठस्थ पाठ की तरह वह उसे दुहरा रहा हो।

मनुष्य के अलौकिक प्रेम की भावना को श्मशान अपने जिस हृदय में बड़े यत्न से संजोए बैठा थ, उसका वही हृदय इस दृश्य से पत्थर हो गया। वह अवाक् विमूढ़-सा देखता रहा। उसकी दृष्टि पथराई हुई थी, उसमें एक प्रश्न साकार हो उठा था।

पहाड़ी ने उसकी यह हालत देखी, तो तरस खाकर बोली, "सचमुच तुम मूर्ख हो! इतना भी नहीं समझते कि जो इन्सान प्रेम करता है, उसे जीवन भी कम प्यारा नहीं। वह प्रेम की स्मृति, कल्पना, और आध्यात्मिक भावना पर ही जिन्दा नहीं रहता। वह जीवन की पूर्णता के लिए प्रेम करता है, जीवित रहने का प्रयत्न करता है, वह हर वियोग झेल लेता है, व्यथा सह लेता है!"

राजेन्द्र कुमार राय, रवीन्द्र कुमार वर्मा

राजेन्द्र कुमार राय तथा रवीन्द्र कुमार वर्मा जाने-माने विज्ञान-लेखक हैं। इन्होंने आधुनिक जीवन की समस्याओं पर कुछ गम्भीर वैज्ञानिक चिन्तन परक लेख लिखे हैं।

प्रस्तुत निबन्ध 'बढ़ने शोर का गहराता संकट' पर्यावरण सम्बन्धी एक गम्भीर लेख है, जिसमें पर्यावरण-प्रदूषण के एक-अभी तक अज्ञात पक्ष पर प्रकाश डाला गया है। आधुनिक जीवन में शोर की मात्रा लगातार बढ़ रही है, जिससे रक्तचाप, बहरापन (बधिरता) आदि कई प्रकार के रोग मनुष्य की पीड़ित कर रहे हैं। ध्वनि-प्रदूषण आधुनिक मानव के लिए एक अभिशाप सिद्ध हो रहा है।

बढ़ते शोर का गहराता संकट

प्रदूषण की बहुआयामी समस्या का एक महत्वपूर्ण आयाम शोर प्रदूषण है। यह बात शायद बहुत कम लो जानते हैं कि शोर प्रदषण जहरीले रसायन से भी अधिक खतरनाक है। मशीनी युग से तोहफे में जो शोर हमें मिल रहा है, वह काफी कष्टदायक और हानिकारक है। आज की वर्तमान औद्योगिक सभ्यता के फैलाव के साथ शोर की मात्रा दिनोदिन बढ़ती जा रही है। इसलिए यह चिन्ता का विषय बन गया है।

शोर क्या है?

दैनिक जीवन में अपरिहार्य साधारण आवाजों से अधिक ऊँची आवाजें 'शोर कहलाती हैं। हम कह सकते हैं कि अनावश्यक, असुविधाजनक और निरर्थक आवाज ही शोर प्रदूषण है। लेकिन 'डिस्को म्यूजिक' के शोर में नाचते हुए व्यक्तियों को वह शोर नहीं लगता, जबकि दूसरों के लिए यह आवाज प्रदूषण का काम करती है।

इससे पहले कि किसी ध्वनि को अवांछित कहा जाए, उसका एक मापदंड होना चाहिए। किसी ध्वनि को शोर का दर्जा देने के लिए निम्न मापदंड हो सकते हैं : ध्वनि से बातचीत में विध्न, चिढ़, श्रवण-शक्ति का ह्रास और कार्य-दक्षता में कमी। अधिकतर शोर को हम उसके मानव पर प्रभाव के ही परिप्रेक्ष्य में देखते हैं। हालाँकि शोर का किसी मशीन पर प्रभाव भी उतना ही महत्त्वपूर्ण है। उदाहरणस्वरूप सघन ध्वनि-तरंगों से वायुयान में थकावट (फटीग) हो सकती है या वायुयान को दिशा-निर्देश देने वाले इलेक्ट्रॉनिक उपकरण में गड़बड़ी उत्पन्न हो सकती है।

किसी भी व्यक्ति पर शोर का प्रभाव इस बात पर निर्भर करता है कि ध्वनि का स्रोत क्या है, और उसकी 'तीव्रता' कितनी है? शोर की तीव्रता को मपाने की इकाई 'डेसीबल' कहलाती है। डेलीबल को संक्षेप में 'डी.बी.' कहते हैं। डेसीबल पैमाने पर शून्य वह स्तर है जहाँ से आवाज का सुनाई देना आरम्भ होता है।

शोर और स्वास्थ्य

विश्व स्वास्थ्य संगठन ने स्वास्थ्य की परिभाषा दी है—"स्वास्थ्य शरीरिक, मानसिक और सामजिक संतुष्टि की अवस्था है।" यह केवल दुर्बलता और बीमारियों ले मुक्त होना नहीं है। शोर इस संतुष्टि को प्रभावित करता है तथा स्वास्थ्य को कुप्रभावित करता है। साथ ही शोर आन्तरिक कान को क्षति पहुँचा सकता है।

प्लूचिक (1962) ने 18 व्यक्तियों पर 100 से 120 डेसीबल की आन्तरिक ध्वनि के अल्पकालीन प्रभाव का अध्ययन करने के बाद वह निष्कर्ष निकाला कि उच्च-तीव्रता की ध्वनि, त्वचा के दो भिन्न बिन्दुओं के बीच वैद्युत विभव और प्रतिरोध उत्पन्न कर सकती है। कैलिफोर्निया विश्वविद्यालय (अमेरिका) के डॉ. नोबेल जोंस ने सवा दो लाख से भी अधिक नवजात शिशुओं पर परीक्षण करने के बाद पाया कि शांत स्थानों में रहने वाली महिलाओं की तुलना में शोरगुल के लगातार सम्पर्क में रहने वाली महिलाओं के नवजात शिशुओं में विकृतियाँ अधिक होती हैं।

सूड़ान (अफ्रीका) देश की एक जनजाति 'मबान' पर किए गये अध्ययनों से एक महत्त्वपूर्ण निष्कर्ष सामने आया है। अत्यन्त शान्त और कोलाहल विहीन वातावरण (न बन्दूकें, न ही अन्य किसी तरह का शोर) में वे जीवन बिताते हैं। वहाँ पर ध्वनि 35 डेसीबल के लगभग होती है। उन्हें कभी न तो हृदय रोग होते हैं और न रक्तचाप का कष्ट। वहाँ काफी बड़ी उम्र के लोग भी साफ सुनते हैं। लेकिन जब 'मबानों' को शोर के क्षेत्रों में रहना पड़ता है तो वे इन्हीं रोगों का तेजी से शिकार हो जाते हैं।

प्रकुचन रक्तचाप (लिस्टोलिक ब्लड-प्रेशर) और अनुशियिलन रक्तचाप (डाइस्टोलिक ब्लड-प्रेशर) में 95 डेसीबल के शोर से सामान्य दूरी रहने पर भी क्रमशः 7 मिलीमीटर तथा 3 मिलीमीटर रक्तचाप की वृद्धि पाई गयी है।

मानव शरीर पर शोर के कुप्रभावों का वैज्ञानिक अध्ययन

वैज्ञानिकों ने मानव शरीर पर शोर के कुप्रभावों का जो वैज्ञानिक अध्ययन किया है, वह काफी चौंकाने वाला है। मानव मस्तिष्क की 12 नसों में से एक नस सुनने की होती है। इसे 'स्वर तंत्रिका' कहते हैं। स्वर तंत्रिका के दो भाग होते है—कर्णावर्त तंत्रिका व प्रमाण तंत्रिका। इसमें कर्णावर्त तंत्रिका ध्वनि तरंगों को कान से मस्तिष्क तक पहुँचाती है। तेज शोर का परिणाम इस नस पर कभी-कभी इतना घातक होता है कि श्रवण सामर्थ्य थोड़ी या बहुत या पूर्णतया भी समाप्त हो सकती है। प्रायः अधिक ध्वनि का उभ्यस्त हो जाने पर धीमी आवाजों को सुनने की क्षमता कम हो जाती है।

शोर प्रदूषण सिर्फ बहरेपन को ही न्योता नहीं देता, बेचैनी एवं मानसिक

तनाव भी पैदा करता है, जिससे रक्तचाप की बीमारी हो सकती है। इससे व्यक्ति मानसिक तनाव, चिड़चिड़ाहट और झुँझलाहट की समस्या से ग्रस्त हो जाता है। रक्त में कोलेस्टेरोल की मात्रा बढ़ जाती है। स्नायु तंत्र पर शोर का प्रभाव हृदय, पाचन तंत्र के साथ अन्य तंत्रों पर भी पड़ता है। साथ ही वाहिनियों के संकुचन से हृदय रोग तथा अन्य बीमारियाँ शरीर में डेरा डाल लेती हैं।

अधिक शोर के कारण नेत्र गोलक पर केन्द्रित नहीं हो पाता। शोर का अप्रत्यक्ष रूप से सामाजिक और आर्थिक प्रभाव पड़ता है। शोर के कुछ प्रभाव परिस्थिति और सुनने वाले की मनोवृत्ति पर निर्भर है। इसलिए शोर के सहनीय स्तर के लिए आम मापदंड को निर्धारित करना असम्भव है। लेकिन शोर के कुछ विशेष प्रभावों के लिए मापदण्ड निर्धारित किए गये हैं।

वाग्ध्वनि का प्राच्छादन

शोर वाग्ध्वनि या वांछित ध्वनि अश्रवणीय बना सकता है। यदि इसकी आवृत्ति श्रेणी वाग्ध्वनि के बराबर है और वाग्ध्वनि से सघन है। अधिकतर वाग्ध्वनियों की कान के पास तीव्रता 65 डेसीबल होती है। घरों, उद्योगों और दफ्तरों में उत्पन्न शोर के आवृत्ति घटक अधिक तीव्र और वागध्वनि की आवृत्ति श्रेणी के बराबर होते हैं।

वागध्वनि में विघ्न का स्तर

शोर के विरुद्ध लोग इस बात की शिकायत करते है कि यह व्यक्ति से व्यक्ति की बातचीत और रेडियों एवं टेलीफोन पर बातचीत या टेलीविजन की आवाज में विघ्न डालता है। वाग्ध्वनि में ध्वनि की मात्रा के निर्धारण के लिए ध्वनि दबाव स्तर का औसत लेते हैं। डेसीबल में यह औसत स्तर वाग्ध्वनि विघ्न स्तर कहलाता है।

श्रवण शक्ति का हास

किसी भी तरह का तीव्र शोर मानव श्रवण प्रक्रिया को अस्थायी या स्थायी रूप से क्षति पहुँचा सकता है। श्रवण शक्ति ह्मस शुद्ध-ध्वनि श्रव्यतामापी से किया जाता है जिसमें शुद्ध ध्वनि तीव्रता को डेसीबल में मापते हैं। यह ध्वनि इतनी होती है कि शान्त कमरे में प्रक्रिया की विभिन्न आवृत्तियों पर पुनरावृत्ति की जाती है। इस तरह प्राप्त परिमाण से ऑडिओग्राम बनता है जिसे 'श्रवण अवसीमा' कहते हैं। एक उम्र वर्ग की सामान्य श्रवण अवसीमा से किसी व्यक्ति विशेष की श्रवण अवसीमा की तुलना करने पर उस व्यक्ति का श्रवण ह्मस मालूम किया जा सकता है।

श्रवण ह्मस की मात्रा निम्न घटकों से प्रभावित होती है : (1) शोर की आवृत्ति और तीव्रता; (2) शोर की बैंड चौड़ाई; (3) एक दिन में शोर से प्रभावन समय; तथा (4) प्रभावन दिनों का कुल वर्ष।

ध्वनि प्रभावन से हुए श्रवण ह्रास पर अनुसन्धान से दो मापदण्ड प्राप्त किए गये हैं। एक मापदण्ड उन ध्वनियों पर लागू होता है जो शुद्ध हैं या उन ध्वनियों पर जिनकी अधिकतर ऊर्जा संकीर्ण क्रांतिक बैंडों में होती है। क्रांतिक बैंड अधिकतर श्रव्य श्रेणी की ध्वनि आवृत्तियों में 100 सी पी एस चौड़ा होता है। दूसरा मापदण्ड चौड़े-बैंड के शोर पर लागू होता है।

स्थायी श्रवण ह्रास की परिभाषा है, "श्रवण अवसीमा में स्थायी परिवर्तन" 80 डेसीबल के प्रभावन स्तर पर यह परिवर्तन नहीं होता। लेकिन 85 डेसीबल पर यह परिवर्तन महत्त्वपूर्ण हो जाता है। 90 डेसीबल की सीमा पार करने पर शोर कानों के लिए खतरनाक होता है।

शोर नियंत्रण

ध्वनि प्रदूषण का एक बहुत कारण कल-कारखाने भी हैं। कारखानों में काम करने वाले मजदूरों पर वहाँ के शोर का काफी बुरा प्रभाव पड़ता है मजदूरों को यह शोर मानसिक तनाव के साथ स्नायुकता और उदर में विकार जैसी बीमारियों से ग्रस्त कर देता है।

प्रश्न यह है कि शोर की समस्या का समाधान क्या है? औद्योगिक प्रगति को रोका नहीं जा सकता। अगर ऐसे कल-कारखानों को बन्द कर दिया जाए तो समाज को इसकी बहुत भारी कीमत चुकानी पड़ेगी। देश के विकास और प्रगति की गति को बनाए रखने के लिए इनकी आवश्यकता का पूरा-पूरा औचित्य है। हमें इस समस्या का ऐसा समाधान निकालना है जो प्रगति की गति में बाधक न बने। कारखानों में काम करने वालों को इयर प्लग, मफ्स, हेल्मेट आदि की सुविधाएँ देकर शोर के दुष्प्रभावों को कम किया जा सकता है।

शोर नियंत्रण श्रवण सुरक्षा कार्यक्रम में प्रथम और अनिवार्य कदम है। प्रदूषण की स्थिति को और अधिक नहीं बिगड़ने देना है तो बुनियादी कदम उठाने होंगे जैसा कि विश्व के कई देशों ने ध्वनि प्रदूषण हानियों को समझते हुए उठाया है। फ्रांस की सरकार ने तो अपनी पुलिस को यह अधिकार दे रखा है कि उन मोटर गाड़ियों/ वाहनों को जब्त कर ले जो शोर प्रतिबन्ध कानून का उल्लंघन करते हैं।

अनुसन्धानों से पता चला है कि पर्यावरण में शोर की तीव्रता प्रत्येक दस वर्ष में दुगुनी होती जा रही है। विगत तीस वर्षो में शोर जिस रफ्तार से बढ़ा है अगर उसी तरह बढ़ता रहा तो यह हमारे लिए घातक सिद्ध होगा। अगर इस आधुनिक युग में शोर प्रदूषण को सख्ती से नहीं रोका गया तो अगले बीस-तीस वर्षों में बहरे मनुष्यों व बालकों की एक बहुत बड़ी संख्या नगरों व महानगरों में खड़ी हो जाएगी। यद्यपि प्रदूषण नियंत्रण के कई कानून बने है—पर कड़ाई से उनका पालन नहीं होता। आवश्यकता है कि सड़क के शोर से नागरिकों की रक्षा करने के लिए

सरकार शीघ्र कड़े कदम उठाए। जोर से बजते लाउडस्पीकर, रेडियो आदि का उपयोग कानून द्वारा नियंत्रित होना चाहिए। मोटर हॉनों के तेज़ बजाए जाने पर प्रतिबन्ध होना चाहिए।

पिछले कुछ वर्षों में शोर नियन्त्रण के बारे में काफी ज्ञान अर्जित किया गया है। अब कई व्यावसायिक संगठन और सरकार शोर नियंत्रण की तरफ जागरूक हो रहे हैं।

कुछ ऐसे पेड़-पौधे भी हैं, जिनकी उपस्थिति से दस से पन्द्रह डेसीबल शोर कम किया जा सकता है। ये पेड़ आम, इमली, नारियल, ताड़, नीम व यूकेलिप्टिस आदि हैं। अगर एक बार शोर की मात्रा निर्धारित हो जाती है तो उस नियम का पालन हो रहा है कि नहीं यह देखने हेतु ऐसे दल गठित किए जाने चाहिए जो उल्लंघन करने वालों को उनके द्वारा की गयी क्षति के अनुपात में दण्डित कराने में सहायक हों।

स्वामी विवेकानन्द

स्वामी विवेकान्द आधुनिक मानव के प्रति आधुनिक मानव के एक आदर्श प्रतिनिधि होने के अतिरिक्त वैदिक धर्म एवं संस्कृति के उज्जवल प्रतीक थे। आज के वैज्ञानिक युग की सभी समस्याएँ स्वामीजी समझते थे, इसीलिए उन्होंने वेदान्त और अन्य धर्मों में निहित चिरंज़न सत्यों के आधार पर समस्याओं का समाधान प्रस्तुत किया है।

स्वामीजी ने हमें मानव-निर्माणकारी धर्म एवं दर्शन की शिक्षा दी जो हमारे राष्ट्र-निर्माण के लिए एक अनुपम देन है।

कृतियाँ :

योग : कर्मयोग, प्रेमयोग आदि।

धर्म तथा अध्यात्म : भगवान कृष्ण और भगवद्गीता, हिन्दू धर्म के पक्ष में, धर्मतत्व देववाणी, आत्मतत्व, मरणोत्तर जीवन, कवितावली आदि।

जीवनी : महापुरुषों की जीवन-गाथाएँ, मेरे गुरुदेव।

सम्भाषणात्मक : विवेकानन्दजी के संग में, विवेकानन्दजी की कथाएँ, विवेकानन्दजी के सान्निध्य में आदि।

युवाओं से

मेरी आशा, मेरा विश्वास नवीन पीढ़ी के नवयुवकों पर है। उन्हीं में से मैं अपने कार्यकर्ताओं का संग्रह करूँगा। वे सिंहविक्रम से देश की यथार्थ उन्नति सम्बन्धी सारी समस्या का समाधान करेंगे। वर्तमान काल में अनुष्ठेय आदर्श को मैंने अपना जीवन समर्पित कर दिया है।...वे एक केन्द्र से दूसरे केन्द्र का विस्तार करेंगे—और इस प्रकार हम धीरे-धीरे समग्र भारत में फैल जाएँगे।

भारतवर्ष का पुनरुत्थान होगा, पर वह शरीरिक शक्ति से नहीं, वरन् आत्मा की शक्ति द्वारा। वह उत्थान विनाश की ध्वजा लेकर नहीं, वरन् शान्ति और प्रेम की ध्वजा से...मैं अपने सामने यह एक सजीव दृश्य अवश्य देख रहा हूँ कि हमारी यह वृद्ध माता पुनः एक बार जाग्रात होकर अपने सिंहासन पर नवयौवनपूर्ण और पूर्व की अपेक्षा अधिक महा-महिमान्वित होकर विराजी है। शान्ति और आर्शीर्वाद के वचनों के साथ सारे संसार में उसके नाम की घोषणा कर दो।

देखो, वह निद्रित भारत अब जागने लगा है। मानो हिमालय के प्राणप्रद वायु-स्पर्श से मृत देह के शिथिलप्राय अस्थि-मांस तक में प्राण-संचार हो रहा है। जड़ता धीरे-धीरे दूर हो रही है। जो अन्धे हैं, वे ही देख नहीं सकते और जो विकृत-बुद्धि हैं वे ही समझ नहीं सकते कि हमारी मातृ-भूमि अपनी गम्भीर निद्रा से अब जाग रही है। अब कोई उसे रोक नहीं सकता। अब यह फिर सो भी नहीं सकती। कोई बाह्य शक्ति इस समय इसे दबा नहीं सकती क्योंकि यह असाधारण शक्ति का देश अब जागकर खड़ा हो रहा है।

एक नवीन भारत निकल पड़े—निकले हल पकड़कर, किसानों की कुटी भेदकर, मछुआ, मोची, मेहतरों की झोंपड़ियों से। निकल पड़े बनियों की दुकानों से, भुजवा के भाड़ के पास से, कारखाने से, हाट से, बाजार से; निकले झाड़ियों, जंगलों, पहाड़ों, पर्वतों से।

क्या भारत मर जाएगा? तब तो संसार से सारी आध्यात्मिकता का समूल नाश हो जाएगा, सारे सदाचारपूर्ण आदर्श जीवन का विनाश हो जाएगा, धर्मों के प्रति सारी मधुर सहानुभूति नष्ट हो जाएगी, सारी भावुकता का भी लोप हो जाएगा, और उसके स्थान में कामरूपी देव और विलासितारूपी देवी राज्य करेगी। धन उनका

पुरोहित होगा। प्रतारणा, पाशविक बल और प्रतिद्वंद्विता, ये ही उनकी पूजा-पद्धति होगी मानवता उनकी बलिसामग्री हो जाएगी। ऐसी दुर्घटना कभी हो नहीं सकती।

भारत के राष्ट्रीय आदश हैं : त्याग और सेवा। आप इन धाराओं में तीव्रता उत्पन्न कीजिए, और शेष सब अपने-आप ठीक हो जाएगा। तुम काम में लग जाओ; फिर देखोगे इतनी शक्ति आएगी कि तुम उसे सँभाल न सकोगे। दूसरों के लिए रत्ती-भर सोचने से धीरे-धीरे हृदय में सिंह का-सा बल आ जाता है। तुम लोगों से मैं इतना स्नेह करता हूँ, परन्तु यदि तुम लोग दूसरों के लिए परिश्रम करते-करते मर भी जाओ तो भी यह देखकर मुझे प्रसन्नता ही होगी।

केवल वही व्यक्ति सबकी अपेक्षा उत्तम रूप से कार्य करता है, जो पूर्णतया निःस्वार्थी है, जिसे न तो धन की लालसा है, न कीर्ति की और न किसी अन्य वस्तु की ही। और मनुष्य जब ऐसा करने में समर्थ हो जाएगा तो वह भी एक बुद्ध बन जाएगा, और उसके भीरत से ऐसी शक्ति प्रकट होगी, जो संसार की अवस्था को सम्पूर्ण रूप से परिवर्तित कर सकती है।

जब तक करोड़ों भूखे और अशिक्षित रहेंगे, तब तक मैं प्रत्येक उस आदमी को विश्वासघातक समझूँगा, जो उनके खर्च पर शिक्षित हुआ है, परन्तु जो उन पर तनिक भी ध्यान नहीं देता। वे लोग जिन्होंने गरीबों को कुचलकर धन पैदा किया है और अब ठाट-बाट से अकड़कर चलते हैं यदि उन बीस करोड़ देशवासियों के लिए जो इस समय भूखे और असभ्य बने हुए हैं, कुछ नहीं करते, तो वे घृणा के पात्र हैं।

हमेशा बढ़ते चलो! मरते दम तक गरीबों और पददलितों के लिए सहानुभूति-यही हमारा आदर्श वाक्य है। वीर युवको! बूढ़े चलो। ईश्वर के प्रति आस्था रखो। किसी चालबाजी की आवश्यकता नहीं, उससे कुछ नहीं होता। दुखियों का दर्द समझो और ईश्वर से सहायता की प्रार्थना करो—वह अवश्य मिलेगी।...युवको! मैं गरीबों, मूखों और उत्पीड़ितों के लिए इस सहानुभूति और प्रामांपण प्रयन्त को थाती के तौर पर तुम्हें अर्पण करता हूँ।...प्रतिज्ञा करो कि अपना सारा जीवन इस तीस करोड़ लोगों के उद्धार-कार्य में लगा दोगे, जो दिनोदिन अवनति के गर्त में गिरते जा रहे हैं। यदि तुम सचमुच मेरी सन्तान हो, तो तुम किसी वस्तु से न डरोगे, न किसी बात पर रुकोगें। तुम सिंहतुल्य होगे। हमें भारत की और पूरे संसार को जगाना हैं।

तुम तो ईश्वर की सन्तान हो, अमर आनन्द के भागी हो, पवित्र और पूर्ण आत्मा हो। अतएव तुम कैसे अपने को जबर्दस्ती दुर्बल कहते हो? उठो, साहसी बनो, वीर्यवान होओ। सब उत्तरदायित्त्व अपने कन्धे पर लो—यह याद रखो कि तुम स्वयं अपने भाग्य के निर्माता हो। तुम जो कुछ बल या सहायता चाहो, सब तुम्हारे ही भीतर विद्यमान है।

एक बात पर विचार करके देखिए, मनुष्य नियमों को बनाता है या नियम मनुष्य को बनाते हैं? मनुष्य रुपया पैदा करता है या रुपया मनुष्यों को पैदा करता

है? मनुष्य कीर्ति और नाम पैदा करता है या कीर्ति और नाम मनुष्य पैदा करता हैं? मेरे मित्रो, पहले मनुष्य बनिए, तब आप देखेंगे कि वे सब बाकी चीजें स्वयं आपका अनुसरण करेंगी। परस्पर घृणित द्वेषभाव को छोड़िए...और सदुद्देश्य, सदुपाय, सत्साहस एवं सद्वीय का अवलंबन कीजिए। आपने मनुष्य योनि में जन्म लिया है तो अपनी कीर्ति यहीं छोड़ जाइए।

जाति तो व्यक्तियों की केवल समष्टि है। शिक्षा के द्वारा प्रत्येक व्यक्ति को उपयुक्त बनाने के सिवाय मेरी और कोई उच्चाकांक्षा नहीं है। अपनी चिन्ता हमें स्वयं ही करनी है। इतना तो हम कर ही सकते हैं।...क्योंकि दुनिया तभी पवित्र और अच्छी हो सकती है, जब हम स्वयं पवित्र और अच्छे हों। वह है कार्य और हम हैं उसके कारण। इसलिए आओ, हम अपने-आपको पवित्र बना लें। आओ, हम अपने-आपको पूर्ण बना लें।

केवल मनुष्यों की आवश्यकता है; और सबकुछ हो जाएगा, किन्तु आवश्यकता है वीर्यमान, तेजस्वी, श्रद्धासंपन्न और अन्त तक कपट रहित नवयुवकों की। इस प्रकार के सौ नवयुवकों से संसार के सभी भाव बदल दिए जा सकते हैं। और सब चीजों की अपेक्षा इच्छाशक्ति का अधिक प्रभाव है। इच्छाशक्ति के सामने और सब शक्तियाँ दब जाएँगी, क्योंकि इच्छाशक्ति साक्षात् ईश्वर से निकलकर आती है। विशुद्ध और दृढ़ इच्छाशक्ति सर्वशक्तिमान है।

मैंने तो इन नवयुवकों का संगठन करने के लिए जन्म लिया है। यही क्या, प्रत्येक नगर में सैकड़ों और मेरे साथ सम्मिलित होने को तैयार हैं; और मैं चाहता हूँ कि इन्हें अप्रतिहत गतिशील तरंगों की भाँति भारत में सब ओर भेजूँ, जो दीन-हीनों एवं पददलितों के द्वारा परसुख, नैतिकता, धर्म एवं शिक्षा उँड़ेल दें। और इसे मैं करूँगा, या मरूँगा।

मैं सुधार में विश्वास नहीं करता, मैं विश्वास करता हूँ स्वाभाविक उन्नति में। मैं अपने को ईश्वर के स्थान पर प्रतिष्ठित कर अपने समाज के लोगों के सिर पर यह उपदेश "तुम्हें इस भाँति चलना होगा, दूसरे प्रकार नहीं"—मढ़ने का साहस नहीं कर सकता। मैं तो सिर्फ उस गिलहरी की भाँति होना चाहता हूँ जो श्री रामचन्द्रजी के पुल बनाने के समय थोड़ा बालू देकर अपना भाग पूरा कर संतुष्ट हो गयी थी। यही मेरा भी भाव है।

लोग स्वदेश-भक्ति की चर्चा करते हैं। मैं स्वदेश-भक्ति में विश्वास करता हूँ, पर स्वदेश-भक्ति के सम्बन्ध में मेरा एक आदर्श है। बड़े काम करने के लिए तीन चीजों की आवश्यकता होती है। बुद्धि और विचार-शक्ति हम लोगों की थोड़ी सहायता कर सकती है। वह हमको थोड़ी दूर अग्रसर करा देती है और वहीं ठहर जाती है। किन्तु हृदय के द्वारा ही महाशक्ति की प्रेरणा होती है, प्रेम असम्भव को सम्भव कर देता है। जगत् के सब रहस्यों का द्वार प्रेम ही है। अतः मेरे भावी संस्कारको, मेरे भावी

देशभक्तो, तुम हृदयवान बनो। क्या तुम हृदय से समझते हो कि देव और ऋषियों की करोड़ों सन्तानें पशुतुल्य हो गयी हैं? क्या हृदय में अनुभव करते हो कि देव और ऋषियों की करोड़ों सन्तानें पशुतुल्य हो गयी हैं? क्या हृदय में अनुभव करते हो कि करोड़ों आदमी आज भूखे मर रहे हैं। और वे कई शताब्दियों से इस भाँति भूखों मरते आ रहे हैं? क्या तुम समझते हो कि अज्ञात के काले बादल ने सारे भारत को आच्छन्न कर लिया है? क्या तुम यह सब समझकर कभी अस्थिर हुए हो? क्या तुम कभी इससे अनिद्रित हुए हो? क्या कभी यह भावना तुम्हारे रक्त में मिलकर तुम्हारी धमनियों में बही है? क्या वह तुम्हारे हृदय के स्पंदन से कभी मिली है? क्या उसने कभी तुम्हें पागल बनाया है? क्या कभी तुम्हें निर्धनता और नाश का ध्यान आया है? क्या तुम ऐसे हो गये हो? यदि हो, तो जानो कि तुमने स्वदेश-भक्ति की प्रथम सीढ़ी पर पैर रखा है। जैसा तुममें से अधिक लोग जानते हैं, मैं धार्मिक महासभा के लिए अमेरिका नहीं गया था, किन्तु देश के जनसाधारण की दुर्दशा के प्रतिकार करने का भूत मुझमें—मेरी आत्मा में घुस गया था। मैं अनेक वर्ष तक समग्र भारत में घूमता रहा, पर अपने स्वदेशवासियों के लिए कार्य करने का मुझे कोई अवसर नहीं मिला, इसीलिए मैं अमेरिका गया। तुममें में अधिकांश जो मुझे उस समय जानते थे, इस बात को अवश्य जानते हैं। इस धार्मिक महासभा की कौन परवाह करता था? यहाँ मेरे रक्त-मांसस्वरूप जनसाधारण की दशा हीन होती जाती थी, उसकी कौन खबर ले? स्वदेश-हितैषी होने की यह मेरी पहली सीढ़ी है।

उठो, जागो, स्वयं जगकर औरों को जगाओ। अपने नर-जन्म को सफल करो। "उत्तष्ठत जाग्रत प्राप्य न हो जाय।"

जो अपने आपमें विश्वास नहीं करता, वह नास्तिक है। प्राचीन धर्मों ने कहा है, वह नास्तिक है जो ईश्वर में विश्वास नहीं करता। नया धर्म कहता है, वह नास्तिक है जो अपने आपमें विश्वास नहीं करता।

यह एक बड़ी सचचाई है; शक्ति ही जीवन और कमजोरी ही मृत्यु है। शक्ति परम सुख, जीवन अजर-अमर है; कमजोरी कभी न हटने वाला बोझ और यंत्रणा है; कमजोरी ही मृत्यु है।

उपनिषदों में यदि कोई ऐसा शब्द है, जो वज्रयोग से अज्ञानराशि के ऊपर पतित होता है, उसे बिलकुल उड़ा देता है, तो वह है 'अभीः' निर्भयता। संसार को यदि किसी एक धर्म की शिक्षा देनी चाहिए, तो वह है 'निर्भीकता'। यह सत्य है कि एक ऐहिक जगत् में, अथवा आध्यात्मिक जगत् में भय ही पतन तथा पाप का कारण है। भय से ही दुख होता है, यह मृत्यु का कारण है तथा इसी के कारण सारी बुराई तथा पाप होता है।

सबसे पहले हमारे तरुणों को मजबूत बनना चाहिए। धर्म इसके बाद की वस्तु है। मेरे तरुण मित्रो! शक्तिशाली बनो, मेरी तुम्हें यही सलाह है। तुम गीता के

अध्ययन की अपेक्षा फुटबाल के द्वारा ही स्वर्ग के अधिक समीप पहुँच सकोगे। ये कुछ कड़े शब्द हैं, पर मैं उन्हें कहना चाहता हूँ, क्योंकि तुम्हें प्यार करता हूँ कि काँटा कहाँ चुभता है। मुझे इसका कुछ अनुभव है। तुम्हारे स्नायु और मांसपेशियाँ अधिक मजबूत होने पर तुम गीता अधिक अच्छी तरह समझ सकोगे। तुम अपने शरीर में शक्तिशाली रक्त प्रवाहित होने पर, श्रीकृष्ण के तेजेस्वी गुणों और उनकी अपार शक्ति को अधिक समझ सकोगे।

जब तुम्हारा शरीर मजबूती से तुम्हारे पैरों पर खड़ा रहेगा और तुम अपने को 'मनुष्य'- अनुभव करोगे, तब तुम उपनिषद और आत्मा की महानता को अधिक अच्छा समझ सकोगे।

हम देख सकते हैं कि एक तथा दूसरे मनुष्य के बीच अन्तर होने का कारण उसका अपने आपमें विश्वास होना और न होना ही है। अपने आपमें विश्वास होने से सबकुछ हो सकता है। मैंने अपने जीवन में इसका अनुभव किया है, अब भी कर रहा हूँ और जैसे-जैसे मैं बड़ा होता जा रहा हूँ, मेरा विश्वास और भी दृढ़ होता जा रहा है।

प्रत्येक आत्मा ही अव्यक्त ब्रह्म है। बाह्म एवं अन्तःप्रकृति, दोनों का नियतन कर, इस अन्तर्निहित ब्रह्म-स्वरूप को अभिव्यक्त करना ही जीवन का ध्येय है। कर्म, भक्ति, या ज्ञान के द्वारा; इनमें से किसी एक के द्वारा या एक से अधिक के द्वारा, या सबके सम्मिलन के द्वारा यह ध्येय प्राप्त कर लो और मुक्त हो जाओ। यही धर्म का सर्वस्व है। मतमतांतर, विधि या अनुष्ठान, ग्रन्थ, मन्दिर—ये सब गौण हैं। यदि ईश्वर है, तो हमें उसे देखना चाहिए; यदि आत्मा है तो हमें उसकी प्रत्यक्ष अनुभूति कर लेनी चाहिए; अन्यथा उन पर विश्वास न करना ही अच्छा है। ढोंगी बनने की अपेक्षा स्पष्ट रूप से नास्तिक बनना अच्छा है।

एक विचार ले लो। उसी एक विचार के अनुसार अपने जीवन को बनाओ; उसी को सोचो, उसी का स्वप्न देखो और उसी पर अवलम्बित रहो। अपने मस्तिष्क, मांसपेशियों, स्नायुओं और शरीर के प्रत्येक भाग को उसी विचार से ओत-प्रोत होने दो और दूसरे सब विचारों को अपने से दूर रखो। यही सफलता का रास्ता है और यही वह मार्ग है जिसने महान् धार्मिक पुरुषों का निर्माण किया है।

मैं अभी तक के सभी धर्मों को स्वीकार करता हूँ और उन सबकी पूजा करता हूँ; वे स्वयं चाहे किसी भी रूप में उपसना करते हों। मैं मुसलमानों की मस्जिद में जाऊँगा, मैं ईसाइयों के गिरिजा में क्रास के सामने घुटने टेककर प्रार्थना करूँगा, मैं बौद्ध-मन्दिरों में जाकर बुद्ध और उनकी शिक्षा की शरण लूँगा। मैं जंगल में जाकर हिन्दुओं के साथ ध्यान करूँगा, जो हृदयस्थ ज्योतिस्वरूप परमात्मा को प्रत्यक्ष करने में लगे हुए हैं।

शिक्षा विविध जानकारियों का ढेर नहीं है, जो तुम्हारे मस्तिष्क में ठूँस दिया

गया है और जो आत्मसात् हुए बिना वहाँ आजन्म पड़ा रहकर गड़बड़ मचाया करता है। हमें उन विचारों की अनुभूति कर लेने की आवश्यकता है, जो जीवन-निर्माण, मनुष्य-निर्माण तथा चरित्र-निर्माण में सहायक हों। यदि आप केवल पाँच ही परखे हुए विचार आत्मचात् कर उनके अनुसार अपने जीवन और चरित्र का निर्माण कर लेते हैं, तो आप पूरे ग्रन्थालय को कंठस्थ करने वाले की अपेक्षा अधिक शिक्षित हैं।

अपने भाइयों का नेतृत्व करने का नहीं, वरन् उनकी सेवा करने का प्रयत्न करो। नेता बनने की इस क्रूर उन्मत्तता ने बड़े-बड़े जहाजों को इस जीवन रूपी समुद्र में डुबो दिया है।

हमारे स्वभाव में संगठन का सर्वथा अभाव है, पर इसे हमें अपने स्वभाव में लाना है। इसका महान् रहस्य है ईर्ष्या का अभाव। अपने भाइयों के मत से सहमत होने को सदैव तैयार रहो और हमेशा समझौता करने का प्रयास करो। यही है संगठन का पूरा रहस्य।

मैं तुम सबसे यही चाहता हूँ कि तुम आत्मप्रतिष्ठा, दलबन्दी और ईर्ष्या को सदा के लिए छोड़ दो। तुम्हें पृथ्वी माता की तरह सहनशील होना चाहिए। यदि तुम ये गुण प्राप्त कर सको, तो संसार तुम्हारे पैरों पर लोटेगा।

बालशौरि रेड्डी

जन्म : 1-6-1928, गोल्लल गूडूर, जिला कडपा, आन्ध्र प्रदेश।

शिक्षा : नेल्लूर, कडपा, वाराणसी, इलाहाबाद।

मातृभाषा : तेलुगु।

अन्य भाषाएँ : हिन्दी, अंग्रेजी तथा तमिल का साहित्यिक ज्ञान।

सेवाएँ : हिन्दी प्रशिक्षण विद्यालयों में वर्षों तक प्रवक्ता (प्राध्यापक) तथा प्रिंसिपल के पदों पर कार्य किया। दक्षिण भारत हिन्दी प्रचार सभा के प्रकाशन विभाग में सम्पादन का कार्य।

हिन्दी के प्रायः सभी प्रमुख पत्रों में अब तक कुल 300 लेख व कहानियाँ प्रकाशित हैं। हिन्दी में अब तक 45 पुस्तकें केवल उत्तर भारत की प्रकाशन-संस्थाओं द्वारा प्रकाशित हैं। तेलुगु में पाँच पुस्तकें हैं।

पुरस्कार : 1960 में 'आन्ध्र-भारती' आलोचनात्मक ग्रन्थ पर उत्तर प्रदेश शासन ने पुरस्कार दिया। 1966 में आन्ध्र प्रदेश साहित्य अकादमी, हैदराबाद ने इनके मौलिक स्तरीय सृजनात्मक साहित्य के सृजन के हेतु 1116 रुपए का पुरस्कार प्रदान किया। 1976 जनवरी में राष्ट्र भाषा परिषद् पटना ने अपनी रजत जन्यती के उत्सव के अवसर पर 'धरती मेरी माँ' मौलिक उपन्यास को 1000 रुपए की राशि व ताम्रपत्र से सम्मानित किया। उत्तर प्रदेश सरकार द्वारा 'शुभ निमन्त्रण', (नाटक), 'दावानल' (उपन्यास) पुरस्कृत हैं।

16 अगस्त, 1983 को बिहार सरकार के राजभाषा विभाग ने 11 हजार रुपए तथा ताम्रपत्र द्वारा सम्मानिता किया। 30 अक्तूबर, 1983 को तृतीय विश्व हिन्दी सम्मेलन में सम्मानित महीयसी श्रीमती महादेवी वर्मा ने सरस्वती की प्रतिमा, शाल एवं प्रशस्ति-पत्र द्वारा लेखक का सम्मान किया।

13 फरवरी, 1989 को विज्ञान भवन, दिल्ली में भारत के तत्कालीन प्रधानमंत्री श्री राजीव गाँधी ने श्री रेड्डी को पत्रकारिता तथा स्तरीय सर्जनात्मक लेखन के लिए श्री गणेश शंकर विद्यार्थी पुरस्कार-दस हजार रुपए की राशि, ताम्रपत्र तथा शाल द्वारा सम्मानित किया।

श्रीनिवास रामानुजन

विदेशों में भारत का यश फैलाने वाले महान् वैज्ञानिकों में श्री श्रीनिवास रामानुजन का नाम आदर के साथ लिया जा सकता है। श्री रामानुजन गणित के क्षेत्र में आपने ऐसा चमत्कार किया कि दुनिया विस्मित हो देखती रह गयी। परन्तु ये महान् वैज्ञानिक अल्पायु लेकर आए थे, वरना व मालूम गणित-शास्त्र में कैसी प्रगति होती। गणित सम्बन्धों उनके सिद्धान्त आज भी अनुसन्धान के विषय बने हुए हैं।

श्री रामानुजन का जन्म तमिलनाडु के ईरोड नामक शहर में सन् 22 दिसम्बर, 1887 को एक अति साधारण परिवार में हुआ। उनके पिता ईरोड में क्लर्क थे। थोड़ी-बहुत प्रारम्भिक शिक्षा आपकी ईरोड में हुई बाद में आप कुम्भकोणम चले गये। वहीं पर आपने हाईस्कूल तथा कॉलेज की शिक्षा भी प्राप्त की।

प्रारम्भ से ही आप मेधावी छात्र रहे हैं। कक्षा में आप सदा प्रथम आते थे। इस कारण न केवल आपकी फीस कम कर दी गयी, बल्कि आपको सुबह्मण्यम छात्रवृत्ति भी प्राप्त हुई।

बचपन से ही श्री रामानुजन का गणित के प्रति विशेष आकर्षण था। छोटी-सी अवस्था में ही वे गणित के बड़े-बड़े प्रश्न हल करने में लगे रहते थे। कहा जाता है कि श्री रामानुजन जब तीसरी कक्षा में पढ़ते थे, तभी बीजगणित में आपको अच्छा ज्ञान था। उनकी इस असाधारण कुशाग्र बुद्धि पर स्वयं उनके आचार्य भी चकित थे। पाँचवीं कक्षा में प्रवेश करते-करते रामानुजन ने ज्यामिति के सिद्धान्तों के हल निकाले थे। धीरे-धीरे गणित के प्रति उनकी इतनी अभिरुचि बढ़ गयी कि वे अपना सारा समय गणित के प्रति उनकी इतनी अभिरुचि बढ़ गयी कि वे अपना सारा समय गणित के बड़े-बड़े सवालों के हल निकालने में ही लगाने लगे, फल यह हुआ कि उन्होंने अन्य विषयों की उपेक्षा की। इस कारण उन्हे छात्रवृत्ति से भी हाथ धोना पड़ा। परिवार की आर्थिक स्थिति अच्छी न थी। वे उन्हें पढ़ाने में असमर्थ थे। इसलिए वे दुखी होकर घर के निकल पड़े। थोड़े समय के लिए इधर-उधर भटकते रहे, फिर घर वापस लौट आए।

घर लोटने पर श्री रामानुजन के पुनः अपनी पढ़ाई चालू की। पारिवारिक आर्थिक दशा अत्यंत खराब थी। इन चिन्ताओं से वे बहुत ही परेशान थे। फिर

भी गणित सम्बन्धी उनकी खोज चालू थी। इन्हीं दिनों यानी सन् 1907 में उनका विवाह भी हुआ। अपनी इस जिम्मेदारी को निभाने के लिए उन्हें नौकरी की तलाश करनी पड़ी।

रामानुजन नौकरी की खोज में कई जगह गये, पर कहीं भी उन्हें नौकरी नहीं मिली। उन्होंने कई जगह अपने गणित सम्बन्धी नए सिद्धान्तो का परिचय दिया, लोग उनकी प्रतिभा पर चकित थे, पर किसी ने भी उन्हें नौकरी देने की कृपा नहीं की। आखिर बड़ी कोशिश के बाद रामानुजन को मद्रास पोर्टट्रस्ट में 30 रुपए मासिक की नौकरी मिली। वे दिन-भर दफ्तर में कड़ी मेहनत करते थे और रात-भर बैठकर गणित के सवालों को हल करते थे। इस प्रकार अथक परिश्रम एवं अध्यवसाय के द्वारा उन्होंने अपनी प्रतिभा का तो विकास कर लिया, पर उनका स्वास्थ्य बिगड़ता गया। फिर भी उन्होंने अपने स्वास्थ्य की परवाह न की। अपनी धुन में लगे रहे।

श्री रामानुजन ने निरन्तर श्रम करके जो शोध किया था, उससे सम्बन्धित कतिपय लेख इंडियन मैथमैटिकल सोसाइटी के मुखपत्र में प्रकाशित हुए जो मद्रास से प्रकाशित होता था। इसके उपरान्त आपने सन् 1911-12 में अपने शोध-पत्र प्रकाशित किए। गणितशास्त्रियों की दृष्टि उस पर पड़ी। सबने रामानुजन की प्रतिभा की मुक्तकंठ से सराहना की, तभी से वे प्रमुख गणितशास्त्रियों में गिने जाने लगे। राजानुजन को अपना शोधकार्य चालू रखने के लिए कई विद्धानों के प्रेरणा दी।

उन्हीं दिनों में एक घटना हुई। सरकारी वेधशालाओं के डाइरेक्टर जनरल बाकर साहब दौरे पर मद्रास आए। श्री रामानुजन को उनसे मिलने का अवसर मिला। रामानुजन ने अपने कुछ नए सिद्धान्त बाकर साहब को दिखाए। वे न केवल उन सिद्धान्तो से प्रभावित हुए, बल्कि उनकी भरसक सहायता करने का भी उन्होंने संकल्प किया। उनकी सिफारिश पर ही मद्रास विश्वविद्यालय ने श्री रामानुजन को मासिक 75 रुपए की छात्रवृत्ति दो वर्ष के लिए प्रदान की। फिर क्या था, श्री रामानुजन ने अपनी नौकरी से त्यागपत्र दे दिया, आर्थिक कठिनाइयों से निश्चिंत होकर अनुसन्धान के कार्य में लग गये। उन्हीं दिनों में रामनुजन ने अपने जीवन का महत्त्वपूर्ण कार्य सम्पन्न किया।

इसके बाद श्री रामानुजन जहाँ एक ओर अपने शोधकार्य में लगे थे, वहीं दूसरी ओर वे इंगलैण्ड के प्रमुख गणितशास्त्रियों के साथ सम्पर्क भी स्थापित करने लगे। इसी सन्दर्भ में आपने कुछ मित्रों की प्रेरणा से विश्व के विख्यात गणितज्ञ डॉ. जी. हेच हार्डी के नाम पत्र लिखा कि वे रामानुजन के शोध-पत्रों पर अपनी सम्मति देने की कृपा करें और सम्भव हो तो उन पत्रों के प्रकाशन की भी व्यवस्था करें। हार्डी साहब श्री रामानुजन के शोध-पत्र को देख विस्मय में आ गये। उन्होंने भी संकल्प किया कि रामानुजन को लन्दन बुलाने का प्रयत्न करना चाहिए।

प्रोफेसर हार्डी साहब ने रामानुजन ने लेखों को अपने मित्रों को दिखाया। साथ

ही कैम्ब्रिज तथा ट्रिनिटी कॉलेजों के अन्य गणितशास्त्रियों से भी इस सम्बन्ध में बातचीत की। उन्हीं दिनों में गणित के प्रोफेसर नेबिल कैम्ब्रिज से भारत आए। उन्होंने मद्रास विश्वविद्यालय में जाकर न केवल श्री रामानुजन से भेंट की अपितु विश्वविद्यालय के अधिकारियों से मिलकर श्री रामानुजन को इंग्लैण्ड भेजने के लिए आवश्यक छात्रवृत्ति दिलाने की प्रेरणा दी। आखिर विश्वविद्यालय के अधिकारियों ने रामनुजन को छात्रावृत्ति तथा मार्ग-व्यय भी दिया। यह व्यवस्था इतनी शीघ्र हो गयी कि रामानुजन प्रो. नेबिल के साथ ही इंग्लैण्ड चले गये। वहाँ पर प्रो. हार्डी तथा अन्य विख्यात गणितशास्त्रियों के पर्यवेक्षण में अपने अनुसन्धान को चालू रखा।

श्री रामानुजन करीब छः वर्ष तक इंगलैण्ड में रहे। इस कम अवधि में उन्होंने गणित के क्षेत्र में जो असाधारण कार्य किया, उससे संसार-भर के प्रसिद्ध गणितज्ञ भी बहुत ही प्रभावित हुए। रामानुजन ने अपने शोध-पत्र यूरोप के विख्यात पत्रों में प्रकाशित किए। इस कारण सारे यूरोप में भी उनका नाम फैल गया।

इस अवधि में श्री रामानुजन की कीर्ति गणित के क्षेत्र में इस प्रकार व्याप्त हो गयी कि सब प्रकार के सम्मान उन्हें अनायास ही प्राप्त होने लगे। सर्वप्रथम उन्हें रॉयल सोसाइटी ने अपने संस्थान का फेलो बनाया। फिर ट्रिनिटी कॉलेज कैमिब्रज ने भी उसका अनुकरण किया। उन्हें अपने अनुसन्धान कार्य को आगे बढ़ाने के लिए अधिक राशि की छात्रवृत्तियाँ प्राप्त हुई।

श्री रामानुजन के निरन्तर आस्था एवं अध्यवसाय के बल पर जो लेख लिखे, वे 'कलेक्टेड पेपर्स ऑफ रामानुजन' के नाम के पुस्तक रूप में प्रकाशित हुए। ये लेख गणित के सिद्धान्तो से सम्बन्धित विशिष्ट प्रकार के माने गये। संसार-भर के गणित के विद्वानों ने इन लेखों को पढ़कर आपकी अत्यधिक प्रशंसा की। इस प्रकार वे यश की चोटी तक अल्प आयु में ही पहुँच गये थे।

श्री रामानुजन का शोधकार्य प्रमुखतः संख्याओं के विभाजन के सम्बन्धित था। इसी शोध के आधार पर आपने संख्याओं तथा अंकों की मीमांसा और यौगिक संख्याओं पर भी अनेक गवेषणात्मक लेख लिखे। मुख्यतः उन्होंने 120 प्रमेयों का विश्लेषण किया और उनके समीकरण का भी हल निकाला। बीज-गणित तथा वर्गों के योग सम्बन्धी आपके अनेक लेख लन्दन की 'मैथमेटिकल सोसाइटी' तथा कैम्ब्रिज यूनिवर्सिटी प्रेस के द्वारा ही प्रकाशित हुई। इस पुस्तक का सम्पादन तीन प्रमुख विद्वानों ने किया था। जिनमें प्रो. हार्डी भी एक थे। प्रो. हार्डी श्री रामानुजन के कार्य की महानता से बहुत ही प्रभावित थे। उनके सिद्धान्तो की विशिष्टता पर प्रकाश डालते हुए यहाँ तक बताया है—'श्री रामानुजन ने समीकरण के जो हल निकाले हैं, उनको स्वप्न में भी हल करना आश्चर्यजनक ही माना जाएगा। अलावा इसके उन प्रश्नों को हल करने में यूरोप के विख्यात गणितज्ञ को भी सौ वर्ष से अधिक समय लगा था। इससे हमें विदित होता है कि रामनुजन का कार्य कैसा महत्त्वपूर्ण था।'

वैसे श्री रामानुजन सन् 1914 से 1919 तक इंग्लैण्ड में रहे। फिर भी वहाँ की जलवायु उन्हें अनुकूल साबित न हुई, फलतः वे बीमार पड़ गये। रामानुजन की बीमारी का एक कारण यह भी कहा जा कहा जा सकता है कि उन्होंने अपनी शक्ति से बढ़कर मेहनत की, जिसका उनके स्वास्थ्य पर बुरा असर पड़ा। हालाँकि भारत लौटने पर उनकी चिकित्सा का समुचित प्रबन्ध किया गया, फिर भी उनका स्वाथ्य बिगड़ता ही गया, आखिर 30 अप्रैल, 1920 को इस महान् गणितज्ञ का निधन अल्प आयु में ही हो गया। मृत्यु के समय उनकी अवस्था केवल 33 वर्ष की थी। उनके निधन से गणित क्षेत्र को अपार क्षति पहुँची जिसकी पूर्ति कभी नहीं हो सकती। श्री रामानुजन को भी अपने सिद्धान्तो की समुचित व्याख्या करने का अवसर नहीं मिला। अन्य विद्वानों को उनकी सही व्याख्या करने में काफी समय लगेगा। ऐसे विद्वान को पाकर भारत गणित के क्षेत्र में गर्व कर सकता है।

हरि जोशी

हिन्दी साहित्य के उभरते व्यंग्यकार हरि जोशी का जन्म 17 नवंबर, सन् 1943 को खूदिया सिराली, मध्य प्रदेश में हुआ। आपने मैकोनिकल इंजीनियरिंग में डिप्लोमा प्राप्त किया। सम्प्रति सेक्सरिया तकनीकी संस्थान इंदौर, मध्य प्रदेश में प्राध्यापक हैं।

रचनाएँ : 'पंखरियाँ' (1964), 'यंत्रयुग' (1975), 'अखाड़ों का देश' (1980), 'रिहर्सल जारी है।'

'ऐनक है तो रौनक है' जोशी जी के 'रिहर्सल जारी है' नामक व्यंग्य गद्य संग्रह से लिया गया लेख है।

ऐनक है तो रौनक है

देश में ऐनक उद्योग का विस्तार तेजी से हो रहा है। हर कोई चाहता है कि उसके काँच, उसकी फ्रेम का उपयोग अधिकाधिक लोग करें। अपना चश्मा वह सामने वाले की आँखों पर लगा देने को लालायित है। चाहता है कि उसकी दृष्टि ही सबकी बन जाए। लोग अपनी-अपनी ऐनक लिए खड़े हैं। जनवादी दृष्टि, दक्षिण पंथी इरादे, दलित पैंथर, प्रगतिशीलता आदि अनेक शीशों के चश्मे बाजार में उपलब्ध हैं। लोगों की दृष्टि व्यापक बनाने पर सब तुले हैं।

हमारे देश में कोई भी नागरिक मनचाहा चश्मा लगा सकता है। रूस या चीन में रहने वाले को एक ही चश्मा लगाना पड़ता है। वहाँ का राष्ट्रीय उद्योग सभी नागरिकों को एक ही फ्रेम, एक ही काँच प्रदान करता है। सोल्जेनित्सन ने जरा बदला कि उसे अपना देश छोड़ना पड़ा। नोबेल पुरस्कार विजेताओं को भी कुछ देशों में नए किस्म की ऐनक पहनने की अनुमति नहीं मिलती। जिसने कभी भी रूस, चीन या पाकिस्तान नहीं देखा, वह भी हमारे देश में वहाँ की ऐनक लगाए दिख जाता है।

कुछ बुद्धिजीवी किस्म के नागरिक पुस्तकें बाँचते हैं और चश्मे लगा लेते हैं। चश्में काँच के तो होते ही हैं, 'बाँच के' भी लगा है। वैसे भी अधिक पुस्तकें पढ़ने वालों को चश्मे लग जाते हैं। विदेशी ऐनक लगाते ही हम गर्व की अनुभूति करने लग जाते हैं। ऐनक और रौनक का सामंजस्य है। कभी-कभी फ्रेम भी सहायक होती है।

चश्मे की मुख्य वस्तु काँच होती है, जिसे आवश्यकतानुसार समतल, नतोदर (कॉनकेव) या उन्नतोदर (कॉनवेक्स) रखा जा सकता है। काँच भी लाल, हरा या पीला हो सकता है। मौसम के अनुसार रंग बदलते हैं। ऐनक लाल काँच होने से सभी दृश्य लाल नजर आते हैं, 'क्रान्ति' करने को जी चाहता है। हरे रंग के पारदर्शी काँच से देखने पर चारों ओर हरा ही हरा सूझता है। ऐश-आराम से रहना मेरे रंग में दिखाई देता है। यदि ऐनक का काँच केसरिया हो तो वह प्रत्येक को केसरिया बाना पहना देता है। काँच यदि पीले रंग का हो तो देखने वाले को हर स्वस्थ आदमी भी पीलिया का रोगी नजर आता है। दृष्टि बदल जाती है, काँच या बाँच के कारण।

जिनकी दृष्टि स्वस्थ होती है, उन्हें ऐनक की जरूरत नहीं पड़ती। हमारे बुजुर्ग संयमी होते थे और वृद्धावस्था में भी ऐनक से दूर-दूर तक चीजें देख लिया करते

थे। शायद उनमें दूर-दृष्टि थी। नई पीढ़ी फैशनपरस्त है। ऐनक पर निर्भर अनेक नवयुवकों में आत्मविश्वास नहीं रहता कि बिना चश्मा लगाए वे पास की घटनाएँ भी देख सकेंगे या नहीं।

पुराने ऐनक उद्योग से असन्तुष्ट कुछ वरिष्ठ लोग अपने दीर्घ अनुभव के आधार पर अपना अलग-अलग चश्मा उद्योग खोल लेते हैं, फिर चाहते हैं कि प्रत्येक नवागंतुक नए उद्योग से ही नए परीक्षण कराए और उनके द्वारा प्रदत्त चश्मा ही लगाए।

अनेक लोग वर्षा या शीतकाल में भी धूप-चश्मा लगाए दिखते हैं। चश्मा लगाने से जिसे हम देखना चाहते हैं, देख लेते हैं, शेष को अनदेखा कर सकते हैं। यदि सामने वाला शिकायत करे तो हम दोष चश्मे के माथे पर मढ़ सकते हैं। रहस्यमय व्यक्तित्व वाले मनुष्य बहुधा काला चश्मा चढ़ाए रहते हैं। काली ऐनक बहुधा काली दृष्टि कर देती है या इसके विपरीत काली दृष्टि वाले लोग काला चश्मा लगाए रहते हैं। चश्मा लगाने से आँखें स्वतः ही चार हो जाती हैं। काला चश्मा देखकर गरीब आदमी भयभीत होता है, चोर या शातिर अपना भाई समझकर हाथ नहीं डालता। चश्मा लगाने वाले को सामान्य जन बुद्धिजीवी तो मान ही लेते हैं।

हमारे देश के ऐनक उद्योग फलें-फूलें, अपनी तो यही कामना है।

प्रेमानन्द चन्दोला

प्रेमानन्द चन्दोला का जन्म रावत गाँव (पौढ़ी-गढ़वाल) में हुआ। इन्होंने लखनऊ विश्वविद्यालय से प्राणिशास्त्र में एम.एस.सी. की डिग्री हासिल की। रेडियोवार्त्ताकार भी हैं, नाटक, कहानी व ललित लेखन की दिशा में प्रयत्नशील हैं। इन्होंने विज्ञान पर लिखी पुस्तक पर 1981 में पुरस्कार प्राप्त किया।

रचनाएँ : 'कृषि कीट विज्ञान परिचय', 'चीखती टपटप और खामोश आहट', 'बैक्टीरिया अदालत में', 'अनोखे जानवर', 'पंखों पर आसमान'।

प्रस्तुत लेख में रेशम कीड़ों की संघटन-शक्ति और उनके थूक से मनमोहक रेशमी कपड़े तैयार करने की अपूर्व कुशलता का विवरण लेखक हमें देता है।

यह लेख 'कीट कितने रंगीले, कितने निराले' संग्रह से लिया गया है।

कीड़े का लार : कपड़े का तार

रेयॉन, नायलॉन, ड्रेलॉन, टेरिलीन, शिफॉन आदि कृत्रिम या संश्लिष्ट वस्त्रों को पहनने की कितनी होड़ लगी है आजकल! लेकिन कुछ भी हो, रेशम फिर भी रेशम ही है। रेशम की बात और रेशों में कहाँ। अति प्राचीन होते हुए भी अति अर्वाचीन। रेशम शब्द का उच्चारण करते ही सौभ्यता व मृदुलता वाले इस रेशे की अनुभूति एकदम इंद्रियों के सामने उजागर हो जाती है।

रेशम, संस्कृति में कौशेय (कोया या कोश से व्युत्पन्न) तथा अंग्रेजी में 'सिल्क' कहलाता है और सिल्क शब्द तो अब आम बोलचाल की भाषा में भी प्रचलित हो गया है, बल्कि कुछ लोग तो गलत उच्चारण द्वारा इसे 'सिल्क' कहलाता है और सिल्क शब्द तो अब आम बोलचाल की भाषा में भी प्रचलित हो गया है, बल्कि कुछ लोग तो गलत उच्चारण द्वारा इसे 'सिलक' भी कहते हैं। हिन्दी भाषा में रेशम शब्द फारसी से आया और फारसी के रेशम व रेशः (रेशा) शब्दों में व्युत्पत्ति सम्बन्धी निकटता तो काफी दिखाई देती है, भले ही हो या न हो।

रेशम क्या है? एक छोटे-से कीड़े का थूक या लार। उस क्षुद्र कीट को कितना गौरव होगा जिसके थूक के ताने-बाने को जैविक विकास द्वारा उत्पन्न सर्वोन्नत प्राणी बड़ी शान व नखरे से पहनता है। रेशम की सरल परिभाषा देना चाहें तो कह सकते हैं कि यह कीट के कोयों अर्थात् कीट-शिशुओं द्वारा बुने गये कोशों से प्राप्त बारीक, चमकदार व मजबूत प्रोटीनमय रेशा है जो मानव द्वारा वस्त्र निर्माण में प्रयुक्त होता है। लेकिन यदि तनिक अधिक वैज्ञानिक परिभाषा देना चाहें तो परिभाषा इस प्रकार होगी—रेशम एक एल्यूमिनाभ प्रोटीनी रेशा है जिसका 75 प्रतिशत भाग मजबूत किन्तु लोचदार अंश फाइब्रोइन का और 25 प्रतिशत भाग जिलेटिनी आवरण-पदार्थ सेरीसिन का बना होता है।

रेशम का इतिहास बहुत पुराना है। यद्यपि कुछ विद्वानों का मत है कि रेशन-कीट को सर्वप्रथम पालने वाला देश भारत ही है किन्तु इस सन्दर्भ में यथेष्ट प्रमाण नहीं मिले। यह कीट वन्य अवस्था में नहीं मिलता और हमेशा पाला जाता रहा है। यह कितने बड़े संयोग की बात है कि जो रेशम अधिकांशतया महिलोपयोगी साज-शृंगार के लिए प्रयुक्त होता है। उसकी खोज भी एक महिला ने की। इस महिला का नाम

था श्रीमती लोट्ज़ जो चीन के क्वाँग-टी प्रान्त की सम्राज्ञी थी। इस महिला द्वारा यह खोज 2697 ई. पू. में हुई थी। करीब दो हजार वर्षो तक चीन ने रेशम कीट से रेशम प्राप्त करने की प्रणाली को गुप्त रखा। चीन ने नियम बना दिया था कि रेशम कीट से रेशम प्राप्त करने वाले रहस्य को यदि कोई चीनी किसी विदेशी को बतलाएगा तो उसे मृत्युदण्ड दे दिया जाएगा। इसीलिए इतने अन्तराल तक यह रहस्य रहस्य ही बना रहा। किन्तु रहस्यों की भी एक सीमा होती है और रहस्यों को बूझने के लिए तथा कठिनाइयों से जूझने के लिए माई के लाल तैयार हो ही जाते हैं। इस उद्देश्य को ध्यान में रखकर दो पादरी जासूस बनकर चीन पहुँचे और वहाँ पहुँचने पर उन्होंने रेशम प्राप्त करने की विधि के बारे में विस्तृत जानकारी प्राप्त की। उसके पश्चात् समस्या थी रेशम-कीट के अण्डों को चीन से चोरी-छिपे ले जाने की; और एक दिन उन्होंने इसका समाधान ढूँढ़ ही तो लिया। उन्होंने क्या किया कि अपनी लाठियों के पोले भाग में रेशम के अण्डे भरे और उनको लेकर चुपचाप चीन से बाहर खिसक आए। यूरोप के कुस्तुन्तुनिया प्रान्त में पहुँचकर उन्होंने रेशम-कीट से रेशम प्राप्त करने के रहस्य उद्घाटन किया और इस प्रकार 555 ई. में उस रेशम के बारे में सारे यूरोप में जानकारी फैल गयी जिसको चीन में सोने से तोला जाता रहा और जिसके निर्यात से चीन ने बहुतेरा धन कमाया।

रेशम उद्योग पर चीन का पहले भले ही एकाधिकार था किन्तु बाद में धीरे-धीरे यह उद्योग जापान, भारत, बर्मा, यूरोप, उत्तर कोरिया आदि अन्य देशों में फैला और विकसित हुआ। लेकिन अभी भी चीन और जापान ऐसे देश हैं जहाँ संसार का सबसे अधिक रेशम निर्मित होता है। जापान, चीन, इटली, फ्रांस व स्पेन में इस उद्योग पर काफी गम्भीरता से ध्यान दिया गया है और इसी कारण वहाँ यह एक महत्त्वपूर्ण उद्योग है। संसार के रेशम उत्पादन करने वाले देशों में भारतवर्ष का चौथा स्थान है और रेशम-निर्यात से हमारा देश अब काफी विदेशी मुद्रा अर्जित करता है।

रेशम का कीट जीवन की लीक

रेशम, रेशम-कीट के कोये (कोश) से प्राप्त होता है। यह चूँकि एक कोश (खोल) में उपलब्ध होता है, इसीलिए इसे कौशेय कहते हैं। रेशम-कीट को जन्तुविज्ञानीय भाषा में 'बॉम्बिक्स मोसइ' कहते हैं और इस कीट का व शहतूत की पत्तियों का चोली-दामन का साथ है। शहतूत की पत्तियाँ ही इनका आहार हैं।

रेशम-कीट वस्तुतः एक शलभ है जो लम्बाई में लगभग एक इंच और पंख-विस्तार में लगभग दो इन्च होता है। रंग में यह श्वेत या क्रीम-जैसी सफेदी लिए होता है। कीट स्थूलकाय होता है और कमजोर पंखों के कारण उड़ता बहुत कम है। अण्डे धारण करने के कारण मादा का उदर नर की अपेक्षा अधिक फूला हुआ-सा रहता है।

सिर आकार में छोटा होता है जिसमें दो बड़े-बड़े काले संयुक्त नेत्र और कन्धे

की आकृति की दो शृंगिकाएँ या सींगियाँ होती हैं। मुखांगों के अक्रिय होने के कारण यह कीट अपने मात्र दो-तीन दिन के जीवन-काल में बिलकुल भोजन नहीं कर पाता, यानी निराहरी रहता है।

वक्ष के निचले तल में तीन जोड़ी बारीक टाँगे और ऊपर पार्श्व में दोनों ओर जुड़े हुए दो जोड़ी पंख होते हैं। वैसे तो ये पंख श्वेत होते हैं किन्तु अगले पंख धारीदार होते हैं। उदर आठ या नौ खण्डों में बँटा होता है और शरीर का यही भाग स्थूल होता है। कीट का सम्पूर्ण शरीर रोमों से ढका रहता है।

निषेचन क्रिया मादा के शरीर में सम्पन्न होती है। रेशम-कीट के जीवन-इतिहास में प्रौढ़ अवस्था के अतिरिक्त अण्डा, इल्ली और कोशस्य (प्यूपा) की अवस्थाएँ भी पाई जाती हैं। मादा रात्रि में अण्डे देना शुरू करती है। एक बार में तीन-चार सौ अण्डे दिए जाते हैं जो समूह में शहतूत की पत्तियों पर चिपका दिए जाते हैं। अण्ड-स्फोटन की क्रिया में गर्मियों के दिनों में दस-बारह दिन और जाड़े के दिनों में तीस दिन के करीब लग जाते हैं। कुछ जातियों के अण्डों का फूटना सर्दी के कारण नहीं होने पाता और इस अवस्था को शीतनिष्क्रियता कहते हैं। ऐसी जातियों में एक वर्ष में एक ही पीढ़ी होती है और इन जातियों को एकप्रज जाति कहते हैं। रेशम-कीट की ऐसी जातियाँ उन्हीं देशों में पाई जाती हैं जहाँ वर्ष में अधिकतर सर्दी ही रहती है। अपने भारत में तो बहुप्रज जातियाँ होती हैं जो दो से लेकर सात पीढ़ियाँ तक उत्पन्न करती हैं। औद्योगिक लाभ की दृष्टि से आजकल अण्ड-स्फोटन का समय यानी अण्डे के फूटने पर इल्ली के निकलने का समय कृत्रिम साधनों के द्वारा घटाया व बढ़ाया जा सकता है।

अण्डा फूटने पर जो डिम्भक (शिशु) निकलता है उसे इल्ली कहा जाता है। इल्ली सफेद रंग की और झुर्रियों वाली होती है। इटली के सिर में काटने-चबाने वाले मुखांग, वक्ष में तीन जोड़ी वक्षीय टाँगें तथा उदर में पाँच जोड़ी उदरीय पूर्वपद होते हैं। इसके अतिरिक्त उदर के आठवें खण्ड के ऊपरी तल पर कुछ पीछे की ओर मुड़ा हुआ एक कँटीला उपांग होता है जिसे पृष्ठीय शूक (कण्ट) कहते हैं।

अण्डे से निकलते ही इल्ली शहतूत की पत्तियाँ खाना आरम्भ कर देती है और यह क्रिया तब तक निरंतर चलती रहती हैं जब तक कि चार-पाँच दिन बाद वह शिथिल होकर पहली बार निर्मोचन के लिए या केंचुली बदलने के लिए तैयार नहीं हो जाती। दूसरा निर्मोचन सात दिन बाद होता है और इस प्रकार चार बार निर्मोचन कर चुकने पर जो अन्तिम इल्ली निकलती है वह तीन इंच लंबी होती है। इस अवस्था में इसकी लार-ग्रंथियों से एक रेशा निकलता है जो हवा के सम्पर्क में आते ही सूखकर सख्त बन जाता है। इसके पश्चात् इल्ली इस अवस्था में लगातार अपने चारों ओर इस रेशे का खोल या घर बुनती रहती है और इसी रचना को कोया या कोश कहते हैं। इल्ली का जीवन-काल सामन्यतया एक महीने का होता है किन्तु

शीत-प्रधान देशों में एक से अधिक महीने लग जाते हैं।

इल्ली अपने जीवन-काल में लगभग तीस हजार गुना पत्तियाँ चट कर जाती है। एक टन शहतूत की पत्तियों के खाए जाने के बाद तब कहीं जाकर एक पौंड रेशम प्राप्त हो पाता है। इल्लियों को पालने के लिए दिन में तीन-तीन घण्टे के अन्तर से इन्हें शहतूत की पत्तियों की बारीक कटी हुई कुट्टी पाँच-छह बार खाने को दी जाती है। रेशम-कीट के एक औंस अण्डों से तीस हजार से लेकर पचास किलोग्राम कोए प्राप्त होते हैं जिनसे चार-पाँच किलोग्राम के लगभग कच्चा रेशम उपलब्ध होता है।

परिपक्व इल्ली से कोशस्य या प्यूपा का परिवर्धन होता है। इल्ली द्वारा बनाए हुए कोए की लम्बाई डेढ़ इन्च और चौड़ाई पौन इन्च के लगभग होती है। यह सफेद अथवा हल्का पीलापन लिए होता है और इसी में प्यूपा बन्द रहता है। प्रत्येक कोया एक ही धागे का बना होता है और धागे की लम्बाई औसतन 1,000 फुट के करीब होती है। इस धागे का निर्माण छः इन्च प्रति मिनट के हिसाब से होता है। लगातार तीन-चार दिन तक धागा बनाने में व्यस्त रहकर इल्ली करीब एक हजार गज धागा बनाने में व्यस्त रहकर इल्ली करीब एक हजार गज धागा बना पाती है। प्यूपा की लम्बाई लगभग एक इन्च और चौड़ाई चौथाई इन्च होती है। इसका जीवन-काल दस से पन्द्रह दिन तक का होता है।

कोशस्थ या प्यूपा से जब प्रौढ़ बनता है तो उसे बाहर निकलने के लिए स्थान चाहिए। ऐसी अवस्था में वह अपने मुख से एक क्षारीय द्रव निकालता है जिसके कारण कोए के अगले भाग का रेशम गल जाता है और वहाँ एक छेद हो जाता है। बस इसी छेद द्वारा प्रौढ़ कीट बाहर निकल आता है। यदि सभी प्रौढ़ इसी प्रकार छिद्र करके बाहर आएँगे तो कोए का धागा एक न रहकर अनेक छोटे-छोटे टुकड़ों में कट जाएगा। इसीलिए कोए को पहले ही पानी में उबाल लेते हैं ताकि प्रौढ़ अन्दर ही मर जाएँ। ऐसा करने के बाद कोए से कच्चा रेशमी धागा उधेड़ लेते हैं और फिर उसे साफ कर लेते हैं।

सभी कोयों को नहीं उबाला जाता, बल्कि कुछ कोयों को प्रौढ़ कीट प्राप्त करने के लिए अलग रख लिया जाता है। इस सारे क्रम को निरन्तर चलाने के लिए कुछ प्रौढ़ कीटों को अलग निकालना अति आवश्यक है, अन्यथा अण्डे यानी रेशम के बीज कहाँ से प्राप्त होंगे जिनसे कि इल्ली, कोया, प्यूपा और अंततः रेशम प्राप्त होता है।

अन्य प्रकार के रेशम-कीट

शहतूत रेशम-कीट या सामान्य रेशम-कीट के अतिरिक्त कुछ अन्य प्रकार के रेशम-कीट और देवमूँगा रेशम-कीट। इनमें से कुछ जंगली, कुछ अर्धपालित और अन्य पालित हैं।

टसर रेशम-कीट टसर सिल्क देने वाला कीट उत्तर प्रदेश के मिर्जापुर जिला, बंगाल तथा असम के जंगलों में पाया जाता है। यह कीट साल, बेर, गूलर, पाकड़ आदि की पत्तियों का आहार करता है। टसर रेशम-कीट की एक अन्य जाति हिमालय की तराई में भी पाई जाती है जिसके डिम्भक बाँज (ओक) की पत्तियों पर जीवन निर्वाह करते हैं।

एरी रेशम-कीट मुख्य रूप से असम के जंगलों में पाया जाता था परन्तु अब बंगाल, बिहार, उड़ीसा और मद्रास में भी पाया जाता है। इसका पोषण होता है विशेष जाति के एरंड या रेंडी की पत्तियो पर। इस कीट की एक जाति असम और हिमालय के जंगलों के अतिरिक्त चीन में भी पाई जाती है। इन कीटों के कोयों से प्राप्त रेशम 'एरी' कहलाता है। इसका रंग सफेद अथवा इंटिया लाल होता है। इस रेशम के साथ कठिनाई यह है कि यह पूरा एक धागे के रूप में नहीं निकाला जा सकता बल्कि छोटे-छोटे टुकड़ों के रूप में निकाला जाता है।

मूँगा रेशम-कीअ असम के जंगलों में पाया जाता है। इस कीट के डिम्भक सिनेमन (दालचीनी), मैचिलिस तथा टेट्रेन्थेरा नामक पौधों की पत्तियाँ खाकर रेशम बुनते हैं। और कोया दूधिया अथवा पीले रंग का होता है। इससे प्राप्त रेशम सफेद अथवा आबनूसी रंग का होता है जो मूँगा रेशम कहलाता है। यह कीट अर्धपालित है और इसकी वर्ष में पाँच पीढ़ियाँ होती हैं।

देवमूँगा रेशम-कीट का वितरण उत्तर-प्रदेश और हिमालय की तराई क्षेत्र तक ही सीमित है। इसके डिम्भक मैचिलिस और फाइकस वंश के पौधों की पत्तियों का आहार करते हैं। इससे प्राप्त रेशम का धागा काफी मजबूत, लेकिन खुरदरा और मोटा होता है। इसीलिए इसका प्रयोग मछली पकड़ने वाले जाल बनाने में किया जाता है।

रेशम उद्योग

यद्यपि भारत में प्रति वर्ष लगभग दो करोड़ पौंड रेशम बनता है फिर भी आवश्यकता को देखते हुए यह कम है। भारत में तैयार होने वाले रेशम का आधा भाग अकेले कर्नाटक प्रदेश में बनता है। रेशम तैयार करने वालो अन्य प्रान्त असम, बंगाल, पंजाब, कश्मीर और तमिलनाडु हैं। सन् 1934 में भारत सरकार का ध्यान इस उद्योग की ओर गया और इसके फलस्वरूप एक राजकीय रेशम उद्योग कमेटी की स्थापना की गयी। इसके पश्चात् अलग-अलग प्रान्तों में रेशम अनुसन्धान के लिए केन्द्र खोले गये।

□□□